To _____

이 책은 저에게
당신을 바라보는 빛과 희망의 메세지가 되었습니다.
제 마음을 담아 소중한 당신께 드립니다.

From _____
연락처 :

사람의 마음을 움직이는 황금률
카네기 인간관계 30가지 원칙

1판 1쇄 인쇄 2003년 10월 1일
1판 1쇄 발행 2003년 10월 15일(초판 3,500부)
1판 2쇄 발행 2003년 11월 10일
1판 3쇄 발행 2003년 12월 31일

저자 데일 카네기 | **편역** 박영찬 | **발행인** 이용길 | **발행처** 도서출판 모아북스
기획이사 정윤상 | **홍보** 김영종 | **편집** 최항금 | **마케팅** 이용민
독자서비스 moabooks@hanmail.net | **출판등록번호** 제10-1857호(1999.11.15)
등록된 곳 경기도 고양시 일산구 백석동 1427- 2
전화 0505- 6279-784 | **팩스** 031-902-5236

모아북스 ⓒ 2003, Printed in Seoul Korea
값 9,000원   **ISBN** 89-90539-08-0

좋은 책은 좋은 독자가 만듭니다.
http://www.moabooks.com

이 책의 내용 전부 또는 일부를 사용하려면
반드시 도서출판 모아북스의 서면에 의한 동의를 받아야 합니다.
잘못 만들어진 책은 바꾸어 드립니다.

사람의 마음을 움직이는 황금률

카네기 인간관계 30가지 원칙

데일 카네기 지음 | 박영찬 편역

모아북스
MOABOOKS

역자의 말

《카네기 인간관계론(원제 : How To Win Friends And Influence People)》은 성공적인 인간관계의 원칙들을 알려주는 책으로서, 1937년에 초판을 발간한 이래 각국의 언어로 번역되어 지금까지 5,000여만 부 이상이 팔린 고전입니다.

1912년 뉴욕에서 첫 강좌를 시작한 데일 카네기는 15년간의 연구 끝에 인간관계 원칙들을 정리해 냈으며, 자신의 원칙을 사람들에게 널리 보급하기 위해 데일 카네기 연구소를 설립했습니다. 1955년 그는 세상을 떠났지만 그의 뜻을 이어받은 카네기 연구소가 세계 80여 개국에 설립되어 수많은 사람들을 성공의 길로 이끌고 있습니다.

그동안 우리 나라에서도 《카네기 인간관계론》에 대한 여러 권의 번역서들이 나왔습니다. 워낙 유명하고 좋은 책인 탓이겠지요. 본서는 원서 내용 중에서도 카네기 자신이 겪은 여러 경험담, 링컨과 루스벨트 등 일반인에게 널리 알려진 인물들의 이야기, 카네기 코스를 통해 성공한 이들의 이야기를 중심으로 최대한 쉽고 재미있게 구성하기 위해 노력했습니다.

저 자신 또한 대학 시절 우연히 카네기 서적을 발견하곤 흥분된 마음으로 밤을 지새며 읽은 기억이 있습니다. 카네기 서적을 통해 만난 30가지 인간관계 원칙은 저에게 삶에 대한 희망의 빛을 주었으며 현재 카네기 코스 강사로 활동하는 데 하나의 원동력이 되었던 성공 메시지였습니다.

　　　　　매년 많은 수의 사람들이 데일 카네기 코스(DCC)에서 인간관계 원칙을 배우고 있습니다. 카네기 코스의 특징은 Learning by Doing 하는 데 있습니다. 이 책은 무엇보다 카네기의 인간관계 원칙 30가지를 하루에 한 가지씩 실천해 나갈 수 있도록 그 핵심 내용을 알려 주고 있습니다. 이 책에서 제시하는 원칙들을 매월 30일 동안 의식적으로 실천해 나가는 동안 인간적인 매력과 영향력을 지닌 리더로 변화되어 가는 자신의 모습을 발견할 수 있을 것입니다.

　　　　　이 책은 크게 세 부분으로 나누어져 있습니다. 먼저 1단계인 1일에서 9일까지는 '상대방에게 보다 우호적인 사람이 되는 원칙' 9가지를, 2단계인 10일에서 21일까지는 '협력을 얻어내기 위한 원칙' 12가지를, 마지막으로 3단계인 22일에서 30일까지는 '리더가 되기 위한 원칙' 9가지를 배워 나갑니다.

  이러한 원칙들은 어쩌면 우리가 이미 알고 있는 것들일 수도 있습니다. 하지만 이 원칙들을 일상생활 속에서 제대로 실천한 사람은 몇몇에 불과할 것입니다. 만일 우리 모두 이러한 원칙들을 실천했더라면 벌써 성공한 사람들의 대열에 낄 수 있었을 것입니다.

  그래서 이 책은 우리가 평소 알고 있지만 실천하지 못했던 부분들과 간과하고 지났던 부분들을 데일 카네기 코스(Dale Carnegie Course) 강사(Trainer) 입장에서 핵심 사항을 이해하고 Summary와 Move Into Action을 통해 일목요연하게 정리하여 그 실천 방법들을 제시해 줍니다.

  우리는 다른 사람들과 더불어 세상을 살아나가고 있습니다. 성공적인 인간관계는 가정에서 직장에서 사회에서 삶에 대한 자신감과 열정을 갖게 해줄 것이며 급변하는 경영 환경에 능동적으로 대처할 수 있는 리더십을 갖게 해줄 것입니다. 부디 이 책에서 제시하는 인간관계 원칙 30가지를 매일 한 가지씩 실천해서 체득해 나가십시오. 그러면 품격있는 리더로서 성공적인 삶을 영위하시게 될 것입니다.

편역 박 영 찬

이 책에서 최대의 효과를 얻기 위한 제안

하루 한가지씩 30일 동안 실천을 통해 배워나가는
- 카네기 인간관계 30가지 원칙 -
Learning by Doing

1. 인간관계 원칙을 터득하기 위한 진지하고도 강한 의욕을 계발하라.

2. 다음 장으로 들어가기 전에 각 장을 두 번씩 읽어라.

3. 이 책에서 서술한 방법을 어떻게 실행할까 수시로 생각해 보라.

4. 모든 중요한 아이디어에 밑줄을 그어라.

5. 매달 한 번씩 이 책을 반복해서 읽어라.

6. 이러한 원칙들을 기회 있을 때마다 응용하라. 항상 이 책을 곁에 두고 일상의 문제를 해결하는 지침서로 삼아라.

7. 친구에게 당신이 이 원리들 중 하나를 위반할 때마다 지적해 주면 벌금을 내겠다는 제안을 해서 재미있는 게임을 해보라.

8. 당신이 이룩한 진전을 매주 체크해 보아라. 당신이 저지른 실수나 잘못 혹은 향상된 점은 어떤 것이 있는지, 미래를 위해 어떤 교훈을 얻었는지를 자신에게 물어 보아라.

9. 이 책의 여백에 원칙들을 언제 어떻게 응용했는지 실행한 방법과 그 날짜를 기록해 보아라.

10. 이 책에 나오는 30가지 원칙들은 자연의 이치에 따라 매일 날짜별로 하루 한 가지씩 그 날에 해당하는 원칙을 읽고 의식적으로 실천해 나가면서 1개월 동안 습관화시켜 나가라.

차례

1부 인간관계원칙 : 보다 우호적인 사람이 되라

원칙 1
비난이나 비판, 불평을 하지 마라 · 13

원칙 2
솔직하고 진지하게 칭찬과 감사를 하라 · 22

원칙 3
다른 사람들의 열렬한 욕구를 불러일으켜라 · 30

원칙 4
다른 사람에게 순수한 관심을 기울여라 · 36

원칙 5
미소를 지어라 · 43

원칙 6
당사자들에게는 자신의 이름이 그 어떤 것보다도 기분 좋고 중요한 말임을 명심하라 · 52

원칙 7
경청하라. 자신에 대해 말하도록
다른 사람들을 고무시켜라 · 60

원칙 8
상대방의 관심사에 대해 이야기하라 · 67

원칙 9
상대방으로 하여금 중요하다는 느낌이 들게 하라
- 단, 성실한 태도로 해야 한다 · 74

2부 협력을 얻어내기 위한 원칙 : 자신의 의도대로 사람을 설득하는 법

원칙 10
논쟁에서 최선의 결과를 얻을 수 있는 유일한 방법은
그것을 피하는 것이다 · 83

원칙 11
상대방의 견해를 존중하라. 결코
'당신이 틀렸다'고 말하지 마라 · 91

원칙 12
잘못을 했다면 즉시 분명한 태도로 그것을 인정하라 · 96

원칙 13
우호적인 태도로 말을 시작하라 · 103

원칙 14
상대방이 당신의 말에 즉시 '네, 네'라고 대답하게 하라 · 111

원칙 15
상대방으로 하여금 많은 이야기를 하게 하라 · 119

원칙 16
상대방으로 하여금 그 아이디어가 바로
자신의 것이라고 느끼게 하라 · 126

원칙 17
상대방의 관점에서 사물을 볼 수 있도록 성실히 노력하라 · 132

원칙 18
상대방의 생각이나 욕구에 공감하라 · 137

원칙 19
보다 고매한 동기에 호소하라 · 144

원칙 20
당신의 생각을 극적으로 표현하라 · 149

원칙 21
도전의욕을 불러일으켜라 · 154

3부 리더가 되라 : 태도와 행동을 변화시키는 법

원칙 22
칭찬과 감사의 말로 시작하라 · 161

원칙 23
잘못을 간접적으로 알게 하라 · 168

원칙 24
상대방을 비판하기 전에 자신의 잘못을 인정하라 · 173

원칙 25
직접적으로 명령하지 말고 요청하라 · 178

원칙 26
상대방의 체면을 세워 주어라 · 182

원칙 27
아주 작은 진전에도 칭찬을 아끼지 마라.
또한 진전이 있을 때마다 칭찬을 하라.
'동의는 진심으로, 칭찬은 아낌없이' 하라 · 186

원칙 28
상대방에게 훌륭한 명성을 갖도록 해주어라 · 193

원칙 29
격려해 주어라.
잘못은 쉽게 고칠 수 있다는 것을 느끼게 하라 · 198

원칙 30
당신이 제안하는 것을 상대방이 기꺼이 하도록 만들어라 · 205

데일카네기 이야기 · 211

매월 30일 실천 체크 프로그램 · 214

인간관계원칙 : 보다 우호적인 사람이 되라

1부

비난이나 비판, 불평을 하지 마라	원칙 1
솔직하고 진지하게 칭찬과 감사를 하라	원칙 2
다른 사람들의 열렬한 욕구를 불러일으켜라	원칙 3
다른 사람에게 순수한 관심을 기울여라	원칙 4
미소를 지어라	원칙 5
당사자들에게는 자신의 이름이 그 어떤 것보다도 기분 좋고 중요한 말임을 명심하라	원칙 6
경청하라. 자신에 대해 말하도록 다른 사람들을 고무시켜라	원칙 7
상대방의 관심사에 대해 이야기하라	원칙 8
상대방으로 하여금 중요하다는 느낌이 들게 하라 - 단, 성실한 태도로 해야 한다	원칙 9

비난이나 비판, 불평을 하지 마라

Don't criticize, condemn or complain

> 섣불리 타인을 비난하기 전에 자신을 바로 잡는 것이 우선이다.
> 다른 사람을 비난하는 것은 바로 당신이 스트레스를
> 받고 있음을 나타낸다. 성숙한 리더는 결코 그래서는 안 된다.
> ─────────────────── *2분 명상*

다른 사람을 자주 비난하는 행동은 마치 매우 위험한 불꽃놀이를 하는 것 같습니다. 자존심이라는 화약고가 터지면서 솟아오르는 불꽃은 종종 사람의 목숨을 앗아가기도 합니다.

비난을 받은 사람은 방어적인 태도를 취하게 되므로 자신을 정당화하기 위해 안간힘을 씁니다. 그로 인해 상대방은 자신의 소중한 자존심에 상처를 입게 되고, 그 상처는 때로는 원한을 불러일으키기도 합니다.

심리학자 B. F. 스키너는 동물 실험을 통해, 착한 행동에 대해 보상을 해주면 학습한 내용을 빨리 배우게 될 뿐 아니라, 나쁜 행동에 대해 벌을 주는 것보다 훨씬 효과적으로 배운다는 것을 증명했습니다.

또 다른 심리학자 한스 셀리는 이렇게 말했습니다.

"우리는 칭찬을 원하는 것만큼이나 비난을 두려워한다."

사람들은 누구나 자신이 아무리 큰 잘못을 저지르더라도 그것을 남의 탓으로 돌리는 경향이 있습니다. 비난이란 집비둘기와 같다는 말을 명심하기 바랍니다. 집비둘기는 아무리 멀리 날아가더라도 언젠가는 자기 집으로 되돌아옵니다.

1865년 4월 15일 토요일 아침, 포드 극장에서 존 윌크스 부스에게 저격당한 에이브러햄 링컨은 극장 바로 맞은편에 있는 싸구려 하숙집의 한 침실에서 죽음을 기다리고 있었다. 침대가 너무 작아 키가 큰 링컨의 몸은 대각선 모양으로 비스듬히 뉘어 있었다. 곁에서 이 광경을 지켜보던 스탠튼 국방장관이 비통한 어조로 다음과 같이 말했다.

"세상에서 가장 완전하게 인간의 마음을 다스렸던 한 남자가 여기에 누워 있네."

링컨은 사람의 마음을 움직이게 하는 특별한 비결을 가지고 있었을까요?

나(데일 카네기)는 그것을 알아내기 위해 10년 동안 링컨의 생애를 연구했으며, 3년에 걸쳐 『잘 알려지지 않은 링컨(Lincoln the unknown)』이라는 책을 썼습니다. 나는 누구보다도 철저하게 링컨의 인간성과 가정생활을 연구했으며, 특히 링컨의 인간관계에 대해서는 심혈을 기울였습니다.

그가 세상에서 가장 인간의 마음을 잘 다스렸다 할지라도 그 역시 남을 비난하지 않았을까요?

그는 젊은 시절 인디애나 주 피존크리크 밸리라는 시골에 살았는데, 비난하기를 좋아했을 뿐 아니라, 상대방을 조롱하는 시나 편지를 써서 사람들의 눈에 잘 띄는 길목에 떨어뜨리기도 했습니다. 어떤 사람은 이러한 링컨의 편지 때문에 평생 동안 그를 증오하게 되었다고 합니다.

일리노이 주 스프링필드에서 변호사 개업을 한 후에도 종종 다른 사람을 비난하는 글을 써서 신문에 기고했는데, 한 번은 이 때문에 큰일이 벌어지게 되었습니다.

1842년 가을, 링컨은 제임스 쉴즈라는 허영심 많고 싸우기 좋아하는 아일랜드 태생의 정치가를 인신공격했습니다. 그를 풍자하는 글을 스프링필드의 저널지에 익명으로 기고한 것입니다. 이 글이 기재되자 온 시내 사람들이 쉴즈를 비웃었습니다.

자존심이 강한 쉴즈는 화가 머리끝까지 났습니다. 그는 그 익명의 기고자가 누구인지 알아낸 뒤 즉시 말을 타고 링컨의 집으로 달려가 결투를 신청했습니다. 링컨은 결투를 피하고 싶었지만 자신의 명예가 걸려 있었기 때문에 어쩔 수 없이 받아들였습니다.

무기의 선택은 링컨에게 맡겨졌습니다. 그는 남들보다 유난히 긴 팔을 갖고 있었기 때문에 기병대의 장검을 선택했습니다. 그리곤 웨스트포인트(육군사관학교) 출신의 친구로부터 장검 사용법을 배웠습니다. 드디어 결투일, 미시시피 강변의 모래사장에서 만난 두 사람. 하지만 결투가 시작되려는 순간, 입회인들이 중재에 나서는 바람에 간신히 위기를 모면할 수 있었습니다.

이 사건으로 링컨은 인간관계에 있어 귀중한 교훈을 얻게 됩니다. 그 이후 링컨은 두 번 다시 남을 모욕하는 편지를 쓰지 않았고, 남을 비웃지도 않았습니다. 그리고 어떤 일이 있어도 남을 비난하는 일은 절대로 하지 않았습니다.

시어도어 루스벨트 대통령은 어떤 난관에 부딪치면 습관적으로 거실 벽에 걸려 있는 링컨의 초상화를 쳐다보며 '링컨이라면 이 문제를 어떻게 처리했을까?'라며 골똘히 생각에 잠기곤 했습니다. 남을 공격하고 싶어질 때는 루스벨트 대통령처럼 링컨을 떠올려 보는 것이 어떨까요?

남의 결점을 고쳐 주려는 노력은 분명히 칭찬받을 가치가 있습니다. 그러나 그것은 먼저 자신의 결점을 고친 후의 이야기입니다. 설불리 타인을 지적하기보다는 자신을 바로잡는 것이 우선입니다.

공자는 "자기 집 대문 앞은 지저분하면서 이웃집 지붕 위의 눈에 대해 시비하지 말라"고 가르쳤습니다.

사람을 대할 때, 상대방을 논리적인 인간이라고 생각해서는 안 됩니다. 상대방은 감정의 동물이며 게다가 편견으로 가득 찬 자존심과 허영심에 따라 행동한다는 사실을 깨달아야 합니다.

『테스』를 비롯한 수많은 소설을 쓴 영문학의 귀재 토머스 하디가 『미천한 사람 주드』를 끝으로 장편소설을 쓰지 않게 된 이유는 도덕가들의 맹렬한 비난 때문이며, 영국의 천재 시인 토머스 채터튼을 18세의 나이에 자살로 몰아넣은 것 역시 비판 때문이었습니다.

젊은 시절 대인관계가 서툴기로 유명했던 벤저민 프랭클린은 외교적 수완과 사람 다루는 방법을 터득한 뒤, 프랑스 주재 미국대사로 임명되었습니다. 그는 자신의 성공 비결을, "나는 결코 남의 단점을 들춰내지 않고 장점에 대해서만 칭찬한다"라고 말했습니다.

남을 비난하거나 잔소리를 늘어놓는 행동은 누구나 할 수 있습니다. 그리고 어리석은 사람일수록 더욱 그런 행동에 집착합니다. 이해와 관용은 뛰어난 성품과 극기심을 갖춘 사람이 가질 수 있는 미덕입니다. 영국의 사상가 칼라일은 "위인은 소인을 다루는 방법에서 그의 위대함을 나타낸다"고 말했습니다.

W. 리빙스턴 라니드의 「아버지는 잊어버린다」는 아주 작은 진실이지만 깊은 감명을 주는 글로, 많은 독자들의 심금을 울린 글입니다. 이 글은 수백 군데 잡지와 신문에 게재되었고 수많은 외국어로 번역되었습니다.

아버지는 잊어버린다

W. 리빙스턴 라니드

아들아, 잘 들어라. 나는 네가 잠들어 있는 동안 이야기하고 있단다. 네 조그만 손은 뺨 밑에 끼어 있고 금발의 곱슬머리는 촉촉한 이마에 붙어 젖어 있구나. 나는 네 방에 혼자 몰래 들어왔단다. 몇 분 전 서재에서 서류를 읽고 있는데, 후회의 거센 물결이 나를 덮쳐 왔단다. 나는 죄책감을 느끼며 네 잠자리를 찾아왔다.

아들아, 그동안 너한테 너무 까다롭게 대해 왔던 것 같구나.

아침에 일어나 세수를 제대로 하지 않았다고 해서 학교에 가기 위해 옷을 입고 있는 너를 꾸짖곤 했었지. 네가 신발을 깨끗이 닦지 않는다고 호통을 쳤고, 물건을 함부로 마룻바닥에 던져 놓는다고 너한테 화를 내기도 했었지.

아침식사 때도 나는 또 네 잘못을 들춰냈다. 음식을 흘리며 잘 씹지도 않고 그냥 삼켜버린다고, 식탁에 팔꿈치를 올려놓았다고, 빵에 버터를 많이 발라 먹는다고 꾸짖었지.

너는 학교로 가면서, 출근하는 나를 뒤돌아보며 손을 흔들며 말했지.

"잘 다녀오세요, 아빠!"

그때 나는 얼굴을 찌푸리며 대답했지.

"어깨를 펴고 걸어라!"

애야, 너는 기억하고 있니?

내가 서재에서 서류를 읽고 있을 때 너는 경계의 눈빛을 띠고 겁먹은 얼굴로 들어왔었잖니? 나는 일을 방해당한 것에 짜증을 내면서, 문 옆에서 망설이고 서 있는 너를 바라보며 "무슨 일이냐?" 하고 퉁명스럽게 말했지.

너는 아무 말도 하지 않고 갑작스레 내게로 달려와 두 팔로 내 목을 끌어안고 키스를 했지. 너의 조그만 팔은 하나님이 네 마음속에 꽃 피운 사랑을 가득 담고 나를 꼭 껴안았단다. 그것은 어떤 냉담함에도 시들 수 없는 애정이었단다. 그리고서 너는 문밖으로 나가 계단을 쿵쾅거리며 네 방으로 뛰어 올라갔다.

바로 그 직후, 말할 수 없는 공포가 나를 사로잡았고 나는 그만 손에 쥐었던 서류를 서재 바닥에 떨어뜨렸단다. 내가 왜 이런 나쁜 버릇을 갖게 되었을까? 잘못만을 찾아내서 꾸짖는 버릇을 - 그것은 너를 착한 아이로 만들려다 생긴 버릇이란다.

너를 사랑하지 않아서 그런 것이 아니라, 어린 너에게 너무나 많은 것을 기대한 데서 생긴 잘못이란다. 나의 어린 시절을 기준으로 너를 재고 있었던 것이다.

그러나 너는 너무 착하고, 훌륭하고, 진솔한 성격을 갖고 있단다. 너의 조그만 마음은 넓은 언덕 위를 비추는 새벽빛처럼 한없이 넓단다. 그것은 꾸밈없는 마음으로 내게 달려와 키스를 하던 네 행동에 잘 나타나 있다. 얘야, 나는 어두운 네 침실에 들어와 무릎을 꿇고 나 자신을 부끄러워하고 있단다.

이것은 작은 속죄에 불과하다. 네가 깨어 있을 때 이야기를 하면 너는 아마도 이런 일을 이해하지 못할 것이다. 하지만 내일 나는 참다운 아버지가 되겠다. 너와 사이좋게 지내고, 네가 고통을 당할 때 같이 괴로워하고, 네가 웃을 때 나도 웃겠다. 너를 꾸짖는 말이 튀어나오려고 하면 혀를 깨물겠다고 나는 내 자신과 약속하겠다. 그리고 '우리 애는 작은 어린아이에 불과하다'는 사실을 항상 잊지 않겠다.

그동안 너를 어른처럼 대해 온 것을 부끄럽게 생각한단다. 지금 침대에 엎드려 자는 모습을 보니 네가 아직 어린아이에 지나지 않다는 것을 이제야 알겠구나. 어제까지 너는 머리를 어머니의 어깨에 기대고 어머니 품에 안겨 있었지. 내가 그동안 너무나 많은 것을 너한테 요구해 왔구나. 너무나도 많은 것을.

남을 비난하는 대신 상대방을 이해하도록 노력해야 합니다. 어떤 이유로 상대방이 그런 일을 저지르게 되었는지 깊이 생각해 보아야 합니다. 그것은 비난보다는 훨씬 유익하고 흥미롭기까지 합니다. 그렇게 하면 상대방에 대한 동정과 관용과 호의가 저절로 우러나오게 됩니다.

영국의 위대한 문학가 존슨 박사는 "신도 사람을 심판하려면 그 사람이 죽을 때까지 기다린다"고 말했습니다. 그런데 인간인 우리들이 다른 사람들을 심판하려고 해서는 안 되겠지요? 이제부터는 다른 사람의 장점은 칭찬하고 단점은 덮어두는 것이 좋지 않을까요?

원칙 1 ⟩⟩⟩⟩ Summary

꿀을 얻기 원한다면 벌통을 걷어차지 마라

카네기 인간관계 첫 번째 원칙은 '비난, 비판, 불평하지 마라' 입니다.
이것은 카네기 30가지 원칙중에서 유일하게 '부정적'인 표현이지요.
'~하라'가 아닌 '~하지 마라' 금기어입니다.
30가지 카네기 인간관계 원칙 중에서 제일 먼저 실천해야 할 원칙입니다.
잘못을 저지른 사람들조차 스스로 자신의 잘못을 인정하는 사람은 거의 없습니다.
은행금고를 털거나 범죄를 저지르게 된 데에는 나름대로 이유가 있었다며 자신들의 억울함을 주장하게 되죠.
이처럼 비난, 비판, 불평은 무익한 것입니다.
이것은 상대방을 방어적으로 만들고, 스스로 자신의 잘못을 정당화시키도록 유도하기 때문입니다.
모든 것을 안다는 것은 모든 것을 용서한다는 것입니다.
위험한 비난, 비판, 불평을 하지마세요. 왜냐하면 비난, 비판, 불평 그것은 인간의 소중한 자존심에 상처를 주고, 그 상처는 때로는 원한을 불러일으키기 때문입니다.
비난은 상대방의 가슴에 비수를 꽂는 것과 같습니다.
아래의 말을 명심하세요.
"입술의 30초가 가슴에 30년을 간다."

행동으로 옮겨 보세요 ⟩⟩⟩⟩ Move Into Action

1은 모든 일의 시작을 의미합니다.
카네기 인간관계 30가지 원칙은 자연의 이치인 1개월 30일로 생각해도 됩니다.
카네기 코스의 특징은 Learning by Doing하는데 있습니다. 이 책을 통해 여러분은 하루에 한가지 원칙을 30일동안 실천하면서 카네기 인간관계 30가지 원칙을 습관화시켜 나가게 됩니다. 먼저, 인간관계원칙 1~9는 나 자신이 변화되어 우호적인 관계를 맺어가는 원칙입니다.
매월 1일에는 성공적인 인간관계의 시작을 위하여 다음 비비불의 원칙을 실행해 보도록 하세요.
"비난, 비판, 불평하지 마라!"

솔직하고 진지하게 칭찬과 감사를 하라

Give honest and sincere appreciation

> 구체적인 행동에 대한 칭찬이어야 한다.
> 그렇지 않으면 아첨이 될 것이다.
> 진심에서 우러나온 감사의 말이 사람을 움직이게 하고 감동하게 만든다.
>
> —— *2분 명상*

사람을 움직이게 하는 비결은 이 세상에 오직 한 가지밖에 없습니다. 사람들에게 스스로 하고자 하는 마음을 불러일으키게 해주는 것, 이것이 비결입니다.

거듭 강조하지만 그 외에 다른 비결이 없습니다. 물론 상대방의 가슴에 권총을 들이대, 손목시계를 풀어주고 싶은 마음을 불러일으키게 할 수는 있을 것입니다. 그리고 감시의 눈을 부릅뜨고 채찍이나 호통을 쳐서 아이들을 마음대로 움직일 수도 있을 것입니다. 그러나 이런 방법에는 항상 좋지 않은 결과가 뒤따르게 마련입니다.

사람의 마음을 움직이게 하는 유일한 방법은 상대방이 바라고 원하는 것을 주는 것입니다. 당신이 바라고 원하는 것은 무엇입니까?

20세기의 위대한 심리학자 프로이트 박사는, 인간의 모든 행동은 두 가지 동기에서 발생한다고 하였습니다. 즉 성적인 욕구와 위대해지고자 하는 사회적 욕망이 그것입니다.

미국의 저명한 철학자이며 교육가인 존 듀이 교수도 비슷한 말을 했습니다. 인간이 갖는 가장 근원적인 충동은 '중요한 사람이 되고자 하는 욕망'이라는 것입니다.

사람들은 과연 무엇을 원할까요? 원하는 것이 별로 없을 듯이 보이는 사람에게도 정말로 간절히 원하는 몇 가지는 있을 것입니다.

평범한 사람들의 경우 대개 다음과 같은 행복을 원할 것입니다.

1. 건강과 장수
2. 음식
3. 수면
4. 돈, 또는 돈으로 살 수 있는 것
5. 내세(來世)의 생명
6. 성적인 만족
7. 자손의 번영
8. 자기 자신의 중요성

이상의 욕구는 대체로 충족시킬 수 있지만 이 중에서 하나만은 예외입니다. 이 욕구는 식욕이나 수면욕처럼 인간이 아주 옛날부터 추구해 왔던 것이며, 더구나 좀처럼 충족될 수가 없는 욕구입니다.

그것은 다름 아닌 '자기 자신의 중요성'입니다. 이것은 바로 프로이트 박사가 말한 '위대해지고 싶은 욕망'이며, 듀이 교수가 언급한 '중요한 사람이 되고자 하는 욕망'입니다.

링컨은 어느 편지의 글머리에서 "모든 사람은 칭찬 듣기를 좋아한다"라고 쓴 적이 있습니다. 저명한 심리학자 윌리엄 제임스도 "인간이 지닌 특성 중에서 가장 심오한 원칙은 다른 사람으로부터 인정을 받고자 하는 갈망이다"라고 말했습니다.

여기서 제임스가 '원한다'든가 '동경한다'든가 하는 평범한 표현을 쓰지 않고 '갈망'한다고 말한 것에 주의하기 바랍니다. '갈망'이란 인간의 마음을 끊임없이 흔들고 있는 타는 듯한 갈증을 말합니다. 타인에게 이와 같은 마음의 갈증을 올바르게 채워 줄 수 있는 사람은 극히 드물지만, 그것을 할 수 있는 사람이야말로 다른 사람을 자신의 마음대로 움직일 수 있습니다.

'자기 자신의 중요성'에 대한 욕구는 인간을 동물과 구별 짓는 중요한 인간만의 특성입니다. 영국의 소설가 찰스 디킨스가 『크리스마스 캐롤』이라는 위대한 소설을 쓸 수 있었던 것도, 19세기 영국의 유명 건축가 크리스토퍼 렌 경이 위대한 건축물을 설계할 수 있도록 영감을 받을 수 있었던 것도, 록펠러가 평생 동안 써도 다 쓰지 못할 정도의 부를 축적한 것도 모두 '자신의 중요성'에 대한 욕구에서 비롯되었다고 볼 수 있습니다.

미국 최초로 연봉 백만 달러 이상을 받았던 세계적인 경영자이자 경영 컨설턴트인 찰스 슈와브는 38세에 앤드류 카네기에 의해 채용되어 유에스 스틸(U. S. Steel)의 사장이 되었습니다. 그는 자신보다 강철 제조에 대해 훨씬 많이 알고 있는 사람들을 부하 직원으로 두었고, 사람들을 움직이는 특별한 능력으로 인해 백만장자가 될 수 있었습니다. 그는 사람들을 어떻게 다루었을까요?

슈와브는 자신의 비법을 다음과 같이 말했습니다.

"나에게는 사람들의 열의를 불러일으키게 만드는 능력이 있는 것 같습니다. 그것은 내가 가지고 있는 가장 중요한 재산이지요. 사람들에게 그들 최고의 가능성을 계발할 수 있도록 만드는 방법은 다름 아닌 격려와 칭찬입니다."

앤드류 카네기의 놀라운 성공 비결도 슈와브와 크게 다르지 않습니다.

"나는 사업 관계로 세계 각국의 사람들을 만났는데 지위가 높은 사람일지라도 잔소리를 들으면서 일하는 것보다는 칭찬을 들으면서 일할 때 능률도 오르고 더욱 열성적이었습니다."

카네기는 자신의 직원들을 공석에서건 사석에서건 가리지 않고 칭찬했습니다. 그는 심지어 타인의 일을 자신의 묘비명에까지 새겨 칭찬하고자 했지요. 그가 스스로 쓴 묘비명은 다음과 같습니다.

"자기보다 현명한 사람들을 주위에 모이게 하는 법을 터득한 자가 이곳에 잠들다."

존 록펠러가 사람을 다루는 비법은 자신의 진심을 다하여 감사하는 것이었습니다. 한 번은 에드워드 베드포드라고 하는 동업자가 남미에서 물건을 잘못 구입하여 회사에 백만 달러의 손해를 입혔습니다. 아마도 다른 사람 같으면 불같이 화를 냈겠지요.

그러나 록펠러는 베드포드가 최선을 다했다는 것을 알고 있었고, 이미 벌어진 일이었으므로 그는 오히려 상대방을 칭찬할 기회를 찾았습니다. 그는 베드포드가 투자한 돈 가운데 60퍼센트를 회수하게 된 것을 매우 기뻐하며 그에게 다음과 같이 격려해 주었습니다.

"아주 잘했어, 이만큼 회수하게 된 것도 다 자네의 수완이네."

몇 년 전에, 가출한 주부들에 관한 연구가 있었는데, 주부들이 집을 뛰쳐나간 가장 큰 이유가 무엇이었다고 생각합니까? 그것은 바로 '칭찬의 부족' 이었습니다. 그리고 분명, 가출을 한 남편들에 대해서도 연구가 행해진다면, 같은 결과가 나올 것입니다.

우리는 흔히 배우자들에게 감사의 말을 하지 않는 것을 너무나 당연하게 여기고 있습니다.

카네기 코스에서 한 사람이 자기 부인에 대해 이야기 한 적이 있었습니다. 그의 아내는 교회의 자기 계발 프로그램에 참여하고 있었는데, 남편에게 자신이 좋은 아내가 되기 위해 노력해야 할 여섯 가지 요구 사항을 기입해 달라고 말했습니다.

남편은 그런 부탁을 받고 당황했습니다. "솔직히 아내가 고쳐 주었으면 하고 바라는 여섯 가지 일을 적기는 쉬운 일이지요. 그러나 생각해 보면, 아내도 내게 고쳐 주었으면 하고 바라는 것이 수천 가지는 될 것 같았습니다." 그는 "생각할 시간이 필요하니, 내일 아침에 말해 주겠소"라며 답변을 미루었습니다.

다음날 아침 그는 일찍 일어나 꽃집에 전화를 걸어 여섯 송이의 붉은 장미를 주문했습니다. 그 꽃다발에는 "여보, 당신이 고쳐야 할 점 여섯 가지를 찾을 수가 없었소. 지금 그대로의 당신 모습을 사랑하오"라는 내용의 카드도 함께 부탁했습니다.

그날 저녁 남편이 집에 돌아왔을 때, 아내는 대문 밖에서 기다리며 눈물을 글썽이고 있었습니다. 남편은 자신이 아내를 비판하지 않은 것을 무척이나 다행스럽게 생각했습니다.

다음주 일요일 아내가 교회에서 자신의 경험을 보고하자, 사람들은 이구동성으로 이렇게 말했습니다. "우리가 들은 것 중에서 가장 사려 깊은 대답이었습니다." 남편은 그때 비로소 '칭찬의 힘'이 얼마나 큰 것인지 다시 한 번 실감했습니다.

그렇다면, 칭찬과 아첨을 구별하는 차이점은 무엇일까요? 대답은 간단합니다. 칭찬의 말은 진심에서 우러나오고, 아첨은 이빨 사이에서 새어나오는 것입니다. 칭찬이 이타적이라면 아첨은 이기적입니다. 칭찬은 누구에게나 기쁨을 주지만, 아첨은 누구에게나 비난을 받게 됩니다.

영국의 국왕 조지 5세는 버킹검 궁전의 서재에 6개조로 된 금언을 걸어 놓고 있었습니다. 그 중 하나가 "싸구려 칭찬은 하지도 말고, 받지도 말라!"는 것이었습니다. 아첨은 바로 '값싼 칭찬'입니다.

만약 아첨으로써 모든 일이 해결된다면 누구나 아첨하기를 좋아할 것이며, 세상은 온통 사람을 잘 다루는 비법을 알려주는 인간관계 전문가들로 가득하게 될 것입니다.

인간은 특별한 문제에 몰두하고 있을 때 외에는 대부분 자기 자신에 관해 생각하면서 시간의 95%를 소비합니다. 여기서 잠시 자신의 일은 접어두고 다른 사람의 장점을 생각해 보면 어떨까요? 타인의 장점에 대해 생각하기 시작한다면, 값싼 아첨 따위는 하지 않아도 될 것이니까요.

에머슨은 이렇게 말했습니다.

"내가 만난 모든 사람들은 어떤 면에서는 나보다 우수한 사람들이며, 그 점에서 나는 누구에게서나 배운다."

에머슨 같은 뛰어난 사상가도 이러한데, 우리 같은 보통 사람은 타인의 장점에서 배울 것이 얼마나 많겠습니까? 그렇게 한다면 아첨 따위는 전혀 쓸모없는 것이 되지 않을까요?

거짓이 아닌, 솔직하고 진지한 마음으로 아낌없이 칭찬합시다.

그러면 사람들은 당신의 말을 마음속 깊이 간직하고 평생토록 잊지 않을 것입니다. 칭찬을 한 본인은 설령 잊는다 하더라도, 칭찬을 받은 사람은 언제까지나 잊지 않고 소중하게 간직할 것입니다.

원칙 2 〉〉〉〉 Summary

사람을 다루는 비결
여러분은 주변 사람들에게 칭찬과 감사의 마음을 표현하고 있나요?
그 핵심은 바로 솔직함과 진지함에 있습니다. 우리 삶에 있어서 가장 간과되기 쉬운 덕목이 있다면 그것은 칭찬과 감사입니다.
좋은 것을 보고 좋다고 얘기하고 아름다운 것을 보고 아름답다고 말할 수 있는 표현력은 바로 작은 일에도 감사할 줄 아는 마음에서 나옵니다.
다음에 기회가 있다면 레스토랑에서 저녁식사를 할 때, 요리사에게 최고의 요리였다고 칭찬을 해보세요.
또는 어떤 직원이 당신에게 보기 드문 친절을 베풀었을 때 그것을 칭찬해 주세요.
동료가 프로젝트를 성공적으로 마쳤을 때 그것을 진지하게 인정해 주세요.
'정말 잘했어.' '역시 당신 밖에 없어.' '난 널 믿어.'
사람들은 그런 칭찬과 감사, 인정의 말들을 가슴 깊이 오래도록 간직할 거예요.
아마도 소중한 보석처럼 말이죠.
당신은 이미 잊어버린 일조차도……
지금까지 살아오면서 어떤 말을 들었을때 가장 기분이 좋았는지 한번 생각해 봅시다.
칭찬은 글(엽서)로써, 말로써, 행동으로 나타낼 때 기를 북돋워 줍니다.
"장미꽃을 전해준 사람의 손에는 항상 장미향이 남아 있다."

행동으로 옮겨 보세요 〉〉〉〉 Move Into Action

2는 서로 의지하며 화합하는 것을 의미합니다.
매월 2일에는 솔직하고 진지하게 칭찬하면서 감사하는 시간을 가지세요.
칭찬을 할 때는 먼저 이름을 불러 주세요.
그리고 장점과 함께 구체적인 증거를 말합니다.
그 다음 질문까지 하게 되면 상대방의 얼굴에서 행복을 보게 될 것입니다.
매일의 삶 속에서 동료, 가족, 친구들에게 칭찬을 실천해 보시기 바랍니다.
행복은 먼 곳에 있는 것이 아니라 작은 것을 행동으로 옮기는 데 있습니다.
'감사합니다, 감사합니다' 라는 말과 기도에는 위대한 힘이 있습니다.
"솔직하고 진지하게 칭찬과 감사를 하라"

원칙 3 다른 사람들의 **열렬한** 욕구를 **불러일으켜라**

Arouse in the other person an eager want

> 다른 사람을 움직일 수 있는 유일한 방법은,
> 그들이 원하는 것에 대해 이야기하고,
> 그것을 어떻게 얻을 수 있는지 보여 주는 것이다.
>
> ─ *2분 명상*

나(데일 카네기)는 매년 여름 뉴욕 북쪽에 있는 메인 주로 낚시를 하러 갔습니다. 그는 물고기들이 지렁이나 메뚜기를 좋아한다는 사실을 알았습니다. 자신은 딸기와 아이스크림을 좋아했지만, 낚시를 할 때면 언제나, 물고기들이 좋아하는 것들을 먼저 생각했습니다. 그래서 나는 물고기 앞에 지렁이나 메뚜기를 드리워 놓고는 "자, 맛있게 먹어라" 하고 말했답니다.

 사람을 설득하는 경우에도 이 방법은 효과적입니다. 사람들은 내가 원하는 일에는 관심이 없습니다. 자신이 좋아하고 원하는 일에 대해서만 관심을 갖고 이야기하고 싶어 합니다.

따라서 다른 사람을 움직일 수 있는 유일한 방법은, 그들이 원하는 것에 대해 이야기하고, 그것을 어떻게 얻을 수 있는지 보여 주는 것입니다.

어느 날 철학자인 에머슨이 아들과 함께 송아지를 외양간에 넣으려고 애를 쓰고 있었습니다. 아들은 앞에서 잡아끌고 에머슨은 뒤에서 밀었지만, 송아지는 한 발짝도 움직이려 하지 않았습니다.

두 사람은 자신들이 원하는 것만을 생각하는 실수를 범하고 있었던 것입니다. 송아지도 자기가 원하는 것만을 생각하고 있었기 때문에 네 발로 버티며 꿈쩍도 하지 않았던 것입니다.

이 광경을 지켜보던 가정부가 뛰쳐나왔습니다. 그녀는 에머슨처럼 책을 쓸 능력은 없었지만, 송아지가 좋아하는 것에 대해서는 에머슨보다 더 잘 알고 있었습니다. 그녀는 자신의 손가락을 송아지 입에 넣어 빨게 하고는 아주 손쉽게 외양간으로 몰고 갔습니다. 그녀는 송아지가 무엇을 원하고 있는지 알고 있었던 것입니다.

미국의 심리학자 해리 A. 오버스트리트 교수의 명저 『인간의 행동을 지배하는 힘』에 다음과 같은 유명한 말이 있습니다.

"인간의 행동은 마음속의 강한 욕구에서 생긴다. 그러므로 사람을 움직이게 하는 최선의 방법은 먼저 상대방의 마음속에 강한 욕구를 불러일으키는 것이다. 사업, 가정, 학교, 정치에 있어서도 사람을 설득하려는 자는 이것을 명심할 필요가 있다. 이것을 할 수 있는 사람은 전 세계를 얻을 수 있고, 이것을 할 수 없는 사람은 외로운 길을 걷는다."

강철왕 앤드류 카네기도 처음에는 스코틀랜드 태생의 가난한 사람에 불과했습니다. 시간당 2센트를 받고 일했던 그가 나중에는 사회의 각 방면에 3억 6,500만 달러(약 4,380억 원)에 달하는 엄청난 돈을 기부했습니다.

그는 이미 젊은 시절에 사람을 움직이려면 상대방이 원하는 것을 파악하여 말해 주는 것이 가장 좋은 방법이라는 것을 깨달았던 것입니다. 그는 4년간의 초등 학력이 전부였으나, 사람을 다루는 방법을 알고 있었습니다.

카네기의 형수는 예일 대학에 다니는 두 아들 때문에 걱정이 태산 같았습니다. 두 아들은 모두 자기 일에만 정신이 팔려 집에 편지 한 통 보내지 않았습니다. 어머니가 아무리 편지를 보내도 답장은 오지 않았습니다.

그때 카네기는 형수에게 내기를 제안했습니다.

"나는 특별히 답장을 보내 달라는 말을 하지 않고도 답장을 받을 수 있습니다. 100달러를 걸고 내기를 해도 좋아요."

카네기는 조카에게 별 용건도 없는 두서없는 글을 써서 편지를 보냈습니다. 그리고 맨 끝에 추신으로 5달러를 보낸다는 글을 썼습니다. 그러면서 일부러 돈은 함께 보내지 않았습니다. 그러자 조카들에게서 감사의 뜻을 전하는 답장이 곧바로 도착했습니다.

"앤드류 숙부님께, 보내 주신 편지 감사합니다. 그런데……."
그 다음의 문구는 말하지 않아도 다들 짐작하시겠죠.

상대방을 설득시켜서 무엇인가를 하게 만들려면 상대방에게 명령하기에 앞서 자기 자신에게 물어 볼 필요가 있습니다.

"어떻게 하면 다른 사람들이 그 일을 하기 원하도록 만들 수가 있을까?"

이 질문은 남들에게 불필요한 잔소리를 늘어놓으면서 경솔하게 일을 처리하는 것을 사전에 막아 줄 것입니다. 다시 한 번 말하지만 사람들은 자신이 원하는 것에만 관심이 있습니다.

자동차왕 헨리 포드의 훌륭한 인간관계를 위한 명언이 있습니다.

"성공의 유일한 비결은 다른 사람의 생각을 이해하고, 자신의 입장과 상대방의 입장에서 동시에 사물을 바라볼 줄 아는 능력이다."

참으로 음미해 볼 말이 아닌가요? 몇 번이고 반복해서 읽어 보기 바랍니다. 누구나 이 말이 담고 있는 진실을 알고 있지만, 안타깝게도 열 명 중 아홉 명은 이 말을 무시해 버리고 맙니다.

뉴욕의 한 은행에서 일하는 바바라 앤더슨 여사는 자기 아들의 건강 문제 때문에 애리조나 주 피닉스로 이사를 가고자 했습니다. 그녀는 카네기 코스에서 배운 원칙들을 사용해서 피닉스에 있는 12개 은행에 다음과 같은 편지를 보냈습니다.

존경하는 은행장님께

급속도로 발전하고 있는 귀 은행에게, 10년 동안 은행 실무를 쌓은 저의 경력이 도움이 될 것이라고 확신합니다.

저는 뉴욕의 뱅커즈 트러스트 회사에서 상당히 많은 은행 실무를 익혀 현재의 지점장 직책에 이를 때까지 고객 관리, 신용계, 대부계 그리고 관리 업무 등과 같은 은행 실무의 제반 사항을 익혀 왔습니다.

피닉스에는 5월 중으로 이주하게 됩니다. 저는 귀 은행의 성장과 수익에 이바지할 수 있으리라 자부합니다. 4월 셋째 주 경에 피닉스에 갈 때 제가 귀 은행에 도움드릴 수 있는 것에 대해 말씀 드릴 기회를 제공해 주신다면 대단히 감사하겠습니다.

그럼, 안녕히 계십시오.

바바라 L. 앤더슨 올림

몸이 허약한 자녀에게 "엄마는 네가 이것을 먹기를 원한다, 아빠는 네가 튼튼한 사람이 되어 주기를 원한다" 면서 잔소리를 하는 것보다, 먼저 스스로에게 "이 아이가 원하는 것은 무엇일까? 어떻게 하면 내가 원하는 것과 아이가 원하는 것을 하나로 만들 수 있을까?"를 스스로에게 질문해 보십시오.

만일 자신부터 솔선수범하여 운동을 하면서 아이에게 욕구를 불러일으킨다면, 자녀는 부모와 함께 운동을 하면서 자신의 중요성을 깨달으며 튼튼한 체력을 지닌 아이로 성장해 나갈 것입니다.

원칙 3 〉〉〉〉 Summary

**이것을 할 수 있는 사람은 전 세계를 얻을 수 있고,
할 수 없는 사람은 외로운 길을 걷는다**

사람들에게 열렬한 욕구를 불러일으키려면 무엇보다도 사람들이 원하는 것이 무엇인지를 알아야 합니다.

그 이유는 사람들은 자신들이 원하는 것에만 관심이 있기 때문이죠.

만약 세일즈맨이 자신이 제공하는 서비스가 우리의 문제 해결에 도움이 된다는 것을 보여 준다면, 우리는 그 제품을 구입할 것입니다.

왜냐하면 우리가 원하는 것을 제공해 주기 때문에……

내가 원하는 것이 아니라 상대방이 원하는 것이 무엇인가?

우리 가족이 원하는 것이 무엇인가?

그들이 갖고자 하는 것이 무엇인가?

그들이 성취하는 데 있어 무엇을 도와줄까?

이것을 생각하면 다른 사람들의 마음에 열렬한 욕구를 불러일으킬 수 있습니다.

링컨의 말을 기억하세요.

"어떤 사람을 내 사람으로 만들려면, 먼저 당신이 그의 진정한 친구임을 확신시켜야 한다."

행동으로 옮겨 보세요 〉〉〉〉 Move Into Action

3은 인간의 지혜로 만들어 가는 새로운 창조를 의미합니다.

천하를 얻고자 한다면 매월3일에는 다음의 원칙을 실행해 보세요.

" 다른 사람들의 열렬한 협력을 얻기 위해 그들의 욕구를 불러일으키라."

이것을 할 수 있는 사람은 전 세계를 얻을 수 있고, 그렇지 못 한 사람은 외로운 길을 걷게 됩니다.

상대방이 원하는 것을 먼저 찾아내서 성공적인 관계를 만들어 가세요.

쌍방 모두에게 이익을 줄 수 있는 해결책을 찾아보세요.

행복한 가정, 신나는 직장을 만들 수 있습니다.

" 다른 사람들의 열렬한 욕구를 불러 일으켜라."

원칙 4 다른 사람에게 순수한 관심을 기울여라

Become genuinely interested in other people

> 리더가 갖추어야 할, 아니 모든 사람이 갖추어야 할
> 가장 중요한 자질은 마음의 중심에 사랑을 두고 다른 사람에게
> 진실한 마음에서 우러나오는 관심을 가지는 것이다.
>
> ― *2분 명상*

여러분이 이 책을 읽는 목적은 무엇입니까? 친구를 사귀는 방법을 터득하기 위해서입니까? 그렇다면 이 세상에서 가장 쉽게 친구를 사귀는 이는 누구일까요?

당신은 내일이라도 길가에서 그를 만날지 모릅니다. 당신이 그의 곁에 다가가면 그는 꼬리를 흔들기 시작하고, 부드럽게 쓰다듬어 주면 발을 치켜들고 좋아할 것입니다.

상대방에게 순수한 관심을 기울이는 것을 가장 잘하는 동물은 바로 강아지입니다. 이 세상에서 생존을 위해 아무 일도 하지 않는 동물은 오직 개뿐입니다. 개는 왜 사람들에게 사랑을 받을까요?

닭은 알을 낳아야 하고, 젖소는 우유를 공급해야 하고, 카나리아는 노래를 불러야 하지만, 개는 오직 당신에게 사랑을 바쳐 헌신함으로써 살아갑니다.

내(데일 카네기)가 다섯 살 때, 아버지가 황색 강아지 한 마리를 사왔습니다. 그 강아지는 당시 나에게는 무엇과도 바꿀 수 없는 기쁨이며 행복이었습니다.

매일 오후 4시 30분이 되면 강아지 디피는 어김없이 앞마당에 나와 맑은 눈동자로 가만히 집 안쪽을 바라보았습니다. 나의 목소리가 들리거나 모습이 보이면 숨을 헐떡이며 번개처럼 달려와서 기쁨에 넘쳐 껑충껑충 뛰면서 좋아라고 짖어대며 나를 반겨주곤 하였습니다.

그로부터 5년간 디피는 나의 둘도 없는 친구였습니다. 그러나 어느 날 밤 디피는 나의 눈앞에서 그만 죽고 말았습니다. 그것도 번개에 맞아서……. 한 줄기의 빛이 사라진 나의 어린 시절의 비극이었습니다.

"디피야, 너는 한 번도 심리학책을 읽어본 적이 없었지. 그럴 필요도 없었겠지만 말이야. 너는 상대방이 너에게 관심을 갖게 만드는 것보다 상대방에게 순수한 관심을 가지는 것이 훨씬 더 많은 친구를 얻을 수 있다는 것을 본능적으로 알고 있었지……."

다시 한 번 반복하지만, 당신이 2년 동안 다른 사람으로 하여금 관심을 갖게 하는 것보다, 당신이 다른 사람에게 진실된 관심을 가짐으로써 2달 동안에 더 많은 친구를 사귈 수 있습니다.

뉴욕의 한 전화 회사에서 전화 통화시 어떤 말이 가장 많이 사용되는가를 조사한 적이 있었는데, 가장 많이 사용된 단어는 '나'라는 말이었습니다.

나, 나는, 내가, 나와…….

이 말은 500통의 전화에서 무려 3,900번이나 쓰이고 있었습니다. 여러 사람과 함께 찍은 단체 사진을 볼 때 우리는 누구의 얼굴부터 찾을까요? 바로 '나 자신'입니다.

당신이 다른 사람들을 감동시키거나 그들이 나에게 관심을 갖게 만들려는 노력만으로는 결코 성실하고 진정한 친구를 얻을 수가 없습니다. 자신이 다른 사람에게 관심을 가지고 있다고 생각하는 사람은 다음 질문에 한 번 답해 보세요.

"만약 당신이 오늘 밤에 숨을 거두었다면, 과연 몇 사람의 조문객이 장례식에 참석하겠습니까?"

"당신이 다른 사람들에게 관심을 갖지 않는데 어떻게 상대방이 당신에게 관심을 가지겠습니까?"

세기의 영웅 나폴레옹도 그 방면에서는 실패한 인물이었습니다. 조세핀과 마지막으로 헤어질 때 나폴레옹은 "조세핀, 나는 이 세상의 그 누구보다도 행운아였소. 그러나 내가 진실로 신뢰할 수 있는 사람은 당신 한 사람뿐이오"라고 말했습니다.

그러나 역사가들은 조세핀조차 나폴레옹에게 과연 신뢰받을 만한 사람이었는지 매우 의심스럽다고 말합니다.

비엔나의 유명한 심리학자 알프레드 아들러는 『당신 인생의 의미는 무엇인가』라는 저서에서 이렇게 말하고 있습니다.

"다른 사람의 일에 관심을 갖지 않는 사람은 고난의 인생을 걷지 않으면 안 되고, 다른 사람들에게도 커다란 폐를 끼친다. 인간의 모든 실패는 그러한 유형의 사람들에게서 생겨난다."

세상에 심리학 책은 수없이 많지만 어느 것을 읽어 봐도 이만큼 의미심장한 말은 좀처럼 찾기 힘들 것입니다. 이 말은 몇 번이고 되풀이해서 읽어 볼 가치가 있습니다.

많은 마술가들은 마술을 시작하면서 관중석을 내려다보며 스스로에게 "음, 얼빠진 사람들이 꽤나 많이 모였군. 이런 사람들을 속이는 것쯤이야 아주 쉬운 일이지"라고 말한다고 합니다.

그러나 하워드 더스톤이라는 유명한 마술사는 전혀 달랐습니다. 그는 무대에 오를 때마다, "나의 무대를 보러 이렇게 많은 사람들이 와 주다니 얼마나 고마운 일인가! 이들 덕분에 나는 하루하루를 편안하게 살아갈 수 있으니, 오늘도 최선의 연기를 보여 주어야지"라고 스스로에게 다짐했다고 합니다. 그리고 마음속으로는 "나는 관객을 아끼고 사랑한다"는 말을 수없이 되풀이했답니다.

마음으로부터 우러나는 순수한 관심을 다른 사람에게 기울일 때, 다른 사람의 존경을 받을 수 있는 것입니다. 이것이 세계 제일의 마술사가 가지고 있는 성공 비결입니다.

 시어도어 루스벨트 대통령의 절대적인 인기의 비결도 바로 여기에 있습니다. 하인들까지도 그를 사랑했는데, 그의 시종인 제임스 아모스는 『하인들의 영웅, 시어도어 루스벨트』라는 책에서 다음과 같은 감동적인 일화를 소개하고 있습니다.

 언젠가 나의 아내 애니가 대통령에게 메추리가 어떻게 생겼는지 여쭈어 본 적이 있었습니다. 아내는 메추리를 한 번도 본 적이 없었으므로 대통령은 자세히 설명해 주었습니다. 얼마 후 우리 집에 전화가 걸려 왔습니다(아모스 부부는 루스벨트 대통령 관저 안의 조그만 집에 살고 있었습니다). 아내가 전화를 받았는데 바로 대통령의 전화였습니다. 지금 "우리 집 창문 밖에 메추리가 앉아 있으니 내다보라"고 대통령께서 직접 말씀하셨답니다.
이와 같이 세심한 배려를 해주시는 분이 바로 루스벨트 대통령이었습니다. 대통령이 우리 옆을 지나갈 때는 '여보게 애니!' 혹은 '여보게 제임스!' 하고 부르시는 음성을 듣게 됩니다. 우리가 눈에 띄지 않아도 언제나 큰 소리로 불러 주었습니다.

 이 짧은 이야기는 루스벨트 대통령의 인품을 말해 주고 있습니다. 이런 주인이라면 고용인이 아니더라도 누구나 좋아하지 않을 수 없을 것입니다. 루스벨트가 대통령직을 떠난 지 2년이 되던 어느 날, 태프트 대통령 부처가 부재중일 때 백악관을 방문한 적이 있었습니다.

루스벨트는 자신의 재임 중에 근무하고 있던 하인들의 이름을 부르면서 인사를 했습니다. 백악관에서 40년 이상 일한 아이크 후버라는 사람은 눈물을 글썽이며 이렇게 말했습니다.

"지난 2년 동안 이렇게 기쁜 날은 없었습니다. 저희들은 천만금을 준다 해도 이 기쁨과는 바꾸지 않을 것입니다."

이것은 그가 아랫사람에게도 진심으로 호의를 베풀었다는 좋은 증거입니다. 과연 이런 사람을 좋아하지 않을 사람이 있을까요?

세일즈맨이 갖추어야 할, 아니 모든 사람이 갖추어야 할 가장 중요한 자질은 다른 사람에게 진실한 마음에서 우러나오는 관심을 가지는 것이라는 사실을 잊지 말아야 합니다.

친구를 사귀고 싶다면, 자기 자신을 버리고 다른 사람을 위해 무언가를 먼저 해보세요. 남을 위해서 자신의 시간과 노력, 희생 그리고 사려 깊은 마음을 베푸세요.

다른 사람이 당신을 좋아하기를 바란다면, 또한 진실한 우정으로 다른 사람들을 도와주고 싶다면, 마음속에 다음의 원칙을 꼭 기억해 두기 바랍니다.

'다른 사람들에게 순수한 관심을 기울여라'

마음속으로만 갖고 있지 말고 마음의 중심에 사랑을 두고 적극적으로 표현을 해 보세요.

원칙 4 〉〉〉〉 Summary

이 방법을 실천하면 당신은 어디서나 환영받는다

행동으로 상대방에게 순수한 마음을 갖고 있다는 것을 느끼게 해준다면, 어떤 사람과도 좋은 관계를 유지할 수 있습니다.

순수한 관심의 중심에는 사랑하는 마음이 있습니다.

별을 좋아하는 사람은 꿈이 많은 사람이고 비를 좋아하는 사람은 추억이 많은 사람이며 눈을 좋아하는 사람은 순수한 마음을 지니고 있고 꽃을 좋아하는 사람은 아름다운 마음을 지니고 있답니다. 별, 비, 눈, 꽃 이 모든 것을 좋아하는 사람은 지금 누군가를 사랑하거나 사랑을 받고 있는 사람입니다.

사람의 마음은 낙하산과 같아 펼쳐지지 않으면 아무런 쓸모가 없답니다. 팀 내에서 사람들을 사귀는 과정에서 혹시 여러분은 이런 대화를 나눈 경험이 있으신가요?

"우리가 이런 공통점을 가지고 있었군요!"

"와~ 당신도 여기에 관심을 갖고 있었나요?"

이처럼 서로의 공통 관심사를 발견하고 놀라게 된 경험은 누구나 있을 것입니다. 바로 이것의 핵심은 '순수한 관심'입니다.

누군가에게 진지하고 순수한 관심을 기울이면, 다른 사람으로부터 관심과 시간 또한 협력까지 얻어낼 수 있습니다.

내가 먼저 다가가 인사를 하고 악수를 청해 보세요.

언제 어디서나 환영받게 될 것 입니다.

"비난보다 더 무서운 것은 무관심에 있습니다."

행동으로 옮겨 보세요 〉〉〉〉 Move Into Action

4는 사랑을 의미합니다.

춘하추동 사계절 언제 어디서나 사랑을 바탕으로 사람들에게 먼저 순수한 관심을 갖고 다가가 대화를 나눠 보세요.

사랑은 혼자 가지고 있을 때보다 나누어 줄 때 더욱 빛을 발한답니다.

매월 4일에는 "다른 사람에게 순수한 관심을 기울이세요."

원칙 >>> 5 미소를 지어라

Smile

> 미소는 인간이 표현할 수 있는 가장 아름다운 예술이다.
> 당신의 미소는 이를 쳐다보는 사람들의 인생을 빛나게 해준다.
> 당신의 미소는 인상을 찌푸린 언짢은 얼굴, 외면하는 얼굴에 지친 사람들에게,
> 마치 구름을 뚫고 나오는 햇빛과도 같은 것이다.
>
> ― *2분 명상*

뉴욕에서 열린 어느 파티에서의 일입니다. 손님 중에 막대한 유산을 상속받은 여자가 있었습니다. 그녀는 여러 사람에게 좋은 인상을 주려고 애쓰고 있었습니다. 최고급 모피와 다이아몬드, 진주 등 값비싼 장신구로 몸을 감싸고 있었지만, 얼굴에는 심술궂고 교만한 표정이 역력히 드러나 있었습니다.

그녀는 모든 사람들이 알고 있는 사실, 즉 입고 있는 옷보다도 얼굴에 나타나는 표정이 훨씬 더 중요하다는 사실을 모르고 있었습니다.

찰스 슈와브는 자신의 미소가 백만 달러짜리라고 나(D. 카네기)에게 말한 적이 있습니다. 그는 진리를 알고 있었습니다. 슈와브의 성공은 그의 인격, 매력, 사람들이 자신을 좋아하게 만드는 능력 등에 의해 얻어진 것입니다. 그리고 그의 인품을 형성하는 가장 매력적인 요소는 '미소'였습니다.

말보다는 행동이 훨씬 더 설득력을 갖습니다. 미소는 "나는 당신을 좋아해요. 당신은 나를 행복하게 만들어 줍니다. 뵙게 되어 반갑습니다"라고 말하는 것과 같습니다. 진실한 미소를 지으라는 말은 아무리 강조해도 지나친 말이 아닙니다. 미소는 바로 인간이 표현할 수 있는 가장 아름다운 예술이기 때문입니다.

미시간 대학의 제임스 맥코넬 심리학 교수는 미소에 대해 이렇게 표현합니다.

"미소를 지을 줄 아는 사람들은 경영 혹은 교육, 세일즈를 하는 데 보다 효과적으로 할 수 있으며, 아이를 더욱 행복하게 기를 수 있다. 찡그린 얼굴보다 미소 띤 얼굴이 더 큰 의미가 있다. 따라서 벌을 주는 것보다는 격려해 주는 것이 훨씬 더 효과적인 교육 방법이다."

하지만 마음에서 우러나지 않는 미소에는 아무도 속지 않습니다. 그런 기계적인 미소는 오히려 사람을 불쾌하게 만들 뿐입니다. 내가 말하는 것은 진실한 미소입니다. 마음 깊은 곳에서 우러나오는 밝고 따스한 미소, 이런 미소야말로 천금의 가치가 있습니다.

나(D. 카네기)는 카네기 코스 수강생들에게, 어떤 대상에게 일 주일 내내 미소를 지으라고 한 후 그 결과를 다음 강의 시간에 발표하도록 한 적이 있습니다. 다음 글은, 뉴욕에 사는 윌리암 스타인하트라는 증권 중개인이 2개월에 걸쳐 미소를 실천한 결과 그 내용을 보내온 편지입니다.

나는 결혼한 지 18년이 되었습니다. 하지만 아침에 일어나서 출근할 때까지 아내에게 미소를 지어 본 적이 없고, 말을 해 본 적도 거의 없었습니다. 나는 출근하는 사람들 중에서 가장 무뚝뚝한 사람일 것입니다. 선생님께서 웃음 띤 얼굴에 대한 경험을 발표하라고 하셨기에 시험 삼아 일 주일간 미소를 지어 보기로 결심했습니다. 다음 날 아침 거울에 비친 얼굴을 보면서 중얼거렸습니다.

'빌, 오늘은 그 찌푸린 얼굴 좀 집어치우게나, 이제 한 번 웃어 보자구' 하면서 혼잣말로 중얼거렸습니다.

그리고 나는 아침 식탁에 앉으면서 아내에게 "여보, 잘 잤소?"라고 미소를 지으면서 말했습니다. 아내는 그냥 놀란 정도가 아니라 당황하고 충격을 받은 표정이었습니다. "여보, 앞으로는 매일 이렇게 인사할게"라고 말하면서 하루도 거르지 않고 인사를 건넸습니다. 이 방법을 시도한 지 2개월이 지난 지금 우리 가정은 일찍이 맛볼 수 없었던 행복과 기쁨을 누리고 있습니다.

사무실로 출근할 때는 아파트 엘리베이터 안내양에게 미소 짓고, 경비원에게도 미소 띤 얼굴로 인사를 하게 되었습니다. 지하철 매표원에게도 잔돈을 받으면서 미소를 보냅니다. 지금은 그들 모두 저에게 미소를 짓습니다. 사무실에서 최근 한 번도 웃어 본 적이 없던 사람에게 미소를 지었더니, 그는 나를 처음 보았을 때 무뚝뚝한 사람이라고 생각했는데 이제는 완전히 다시 보게 되었다고 솔직히 말해 주었습니다. 그는 내가 웃을 때 참으로 인간적으로 보인다고 말했습니다.

나는 내가 그들을 보고 미소 지으면 그들도 나를 보고 함께 미소 지어 준다는 사실을 알게 되었습니다. 나는 불평이나 애로사항을 들고 찾아오는 고객들에게도 미소를 보냅니다. 그들의 말을 들어주다 보면, 문제해결도 훨씬 쉬워지는 것을 느꼈습니다. 미소로 인해 수입도 늘고 인간관계도 아주 원만해졌습니다. 나는 이제 새롭게 태어난 사람입니다. 보다 행복하고 부유해졌으며, 우정과 행복에 넘쳐 있습니다. 인간으로서 이 이상의 행복은 바랄 수 없다고 생각합니다.

어떻습니까? 당신도 미소 짓고 싶지 않습니까? 그럼 미소를 지으려면 어떻게 해야 할까요? 여기에는 두 가지 방법이 있습니다.

첫째, 의식적으로 미소를 지어 보세요.

둘째, 혼자 있을 때 휘파람이나 콧노래를 부르거나 큰 소리로 노래를 부르세요.

당신이 이미 행복한 것처럼 행동하면, 정말 행복해질 것입니다.

하버드 대학 교수였으며, 심리학자이며 철학자인 윌리엄 제임스는 이렇게 말합니다.

"행동은 감정에 따라 일어나는 것 같이 보이지만 실제로 행동과 감정은 동시에 일어난다. 그런데 감정은 행동을 조정함으로써 간접적으로 조정할 수가 있다. 따라서 유쾌함을 상실했을 경우 그것을 되찾는 최선의 방법은 유쾌한 마음을 갖고 이미 유쾌해진 것처럼 행동하고 말하는 것이다."

모든 사람들은 행복을 추구합니다. 그 행복을 찾아내는 확실한 방법은 바로 당신의 생각을 조절하는 방법을 아는 것입니다. 행복이나 불행은 재산, 지위, 거주지, 직업과 같은 외부 조건에 의해 달려 있는 것이 아니라, 자신의 마음가짐에 달려 있습니다. 무엇을 행복으로 생각하고 무엇을 불행으로 생각하느냐에 따라, 행복과 불행으로 갈라집니다.

예를 들어 같은 장소에서 같은 일을 하는 두 사람이 있다고 가정해 봅시다. 두 사람은 비슷한 재산과 지위를 가지고 있음에도 불구하고, 한 사람은 행복을 느끼고 한 사람은 불행을 느끼는 경우가 있습니다. 그것은 마음가짐이 다르기 때문입니다.

셰익스피어는 "사물 자체에는 본래 선악이 없다. 다만 생각이 그렇게 만들 뿐이다"라고 말했습니다.

그리고 링컨은 "대부분의 사람들은 마음먹기에 따라 행복해진다"라고 말했습니다.

미국의 유명한 프로야구팀 세인트루이스 카디널스의 3루수였고, 현재는 미국 굴지의 보험 세일즈맨인 프랭클린 배드가는 미소를 잃지 않는 사람은 항상 환영받는다는 사실을 오래전부터 깨닫고 있었습니다.

그는 어떤 집을 방문하더라도, 들어가기 전에 잠시 멈추어 서서 자신이 감사해야 할 것들을 생각하고는 진심으로 미소를 지으면서 그 미소의 여운이 사라지기 전에 방문을 들어서는 것을 원칙으로 삼았습니다. 보험 세일즈맨으로 그가 대성공을 거둔 것은 바로 이 간단한 테크닉 덕분이라고 말합니다.

다음은 수필가이며 출판업자인 앨버트 후버드의 말입니다. 잘 읽고 음미해 보기 바랍니다. 그리고 반드시 실행해 보기 바랍니다.

밖으로 나갈 때마다 항상 턱을 당기고 머리를 반듯하게 세워서 가능한 한 크게 심호흡을 하며 햇빛을 들이마셔라. 친구에게는 미소로 대하고 악수를 나눌 때마다 정성을 다해라. 오해받을까 두려워하지 말고, 적에 대한 생각으로 단 1분 1초도 허비하지 말라.

오직 당신이 하고자 하는 바를 분명히 정하고, 옆길로 새지 말고 목표를 향해 곧장 전진하라. 크고 훌륭한 일을 성취하겠다고 생각하고 항상 그것을 염두에 둬라.

그러면 시간이 흐름에 따라 당신도 모르는 사이에 목표 달성에 필요한 기회를 붙잡고 있음을 느끼게 될 것이다. 이는 마치 산호충이 조류로부터 영양분을 섭취하는 것과 같다.

또한 성실하고 남에게 도움이 될 수 있는 유능한 당신의 모습을 마음속에 그려라. 그러면 당신이 품고 있는 그러한 생각이 시간이 흐름에 따라 당신으로 하여금 그러한 인물이 되게 해 줄 것이다. 마음은 위대한 것이다. 올바른 정신 자세를 갖도록 하라. 용기, 정직, 그리고 명랑한 정신 자세를 항상 지속시켜라.

올바른 정신 태도는 뛰어난 창조력을 갖고 있다. 모든 일들은 소망하는 데서 생겨나고 진심에서 우러나온 신실한 기도는 응답받는다. 우리는 우리가 마음을 먹은 그대로 된다. 턱을 앞으로 당기고 머리를 바로 세워라. 우리 인간은 미완성의 신들이다.

예로부터 중국인은 현명하고 처세에 능숙했습니다. 여기에 우리가 기억해야 할 명언이 있습니다.

"웃지 않는 사람은 장사를 해서는 안 된다."

당신의 미소는 호의를 전달하는 심부름꾼입니다. 당신의 미소는 이를 쳐다보는 사람들의 인생을 빛나게 해줍니다. 당신의 미소는 인상을 찌푸린 언짢은 얼굴, 외면하는 얼굴에 지친 사람들에게, 마치 구름을 뚫고 나오는 햇빛과도 같은 것입니다.

특히 직장 상사나 고객, 선생님이나 부모님, 아이들에게 시달림을 받고 있는 사람들에게, 당신의 미소는 이 세상에는 절망적인 것만 있는 것이 아니라 기쁨도 있다는 사실을 깨닫게 해줍니다.

오팬하임 콜린스사의 프랭크 어빙 플래처가 크리스마스 시즌 때 내보낸 광고문 속에는 이런 철학이 잘 표현되어 있습니다.

크리스마스에 보내는 미소의 가치

미소는 돈이 들지 않지만 많은 것을 이루어 냅니다.

미소는 받는 사람의 마음을 풍족하게 해주지만, 주는 사람의 마음을 가난하게 하지 않습니다.

미소는 순간적으로 일어나지만 그 기억은 영원히 지속됩니다.

미소 없이 살아갈 수 있을 만큼 부자도 없고, 미소의 혜택을 누리지 못할 만큼 가난한 사람도 없습니다.

미소는 가정에서 행복을 꽃피우게 하며, 사업에서는 호의를 베풀게 하고, 친구 사이에는 우정의 표시로 나타나기도 합니다.

미소는 지친 사람에게는 안식이며, 절망에 빠진 사람에게는 격려이며, 슬픈 사람에게는 희망의 빛입니다. 또한 세상의 어려움을 풀어주는 자연의 묘약입니다.

하지만 미소는 돈으로 살 수도 없고 강요하거나 빌릴 수도 없으며, 훔칠 수도 없습니다.

미소는 아무런 대가 없이 줄 때만 빛을 발하는 것이기 때문입니다. 그러므로 크리스마스 쇼핑의 막바지 혼잡 때문에 저희 판매원이 지쳐서 미소를 보내지 못하게 되면 당신이 먼저 그들에게 미소를 보내 주시지 않겠습니까?

왜냐하면 너무나 많은 미소를 준 나머지 더 이상 줄 수 있는 미소가 없는 이들이야말로 누구보다도 더 미소가 필요하기 때문입니다.

원칙 5 〉〉〉〉 Summary

첫인상을 좋게 하는 간단한 방법

사람의 '얼굴'에서 '얼'이란 정신, 사고, 사상, 이념을 나타내고, '굴'은 보인다는 의미입니다. 다시 말해 얼굴을 보면 그 사람에 대해 알 수 있다는 것과 같습니다.
미소는 꽃이 피는 것과 같습니다.
미소는 선물을 주고 선행을 베푸는 것과 같습니다.
여러분이 미소를 보내면 상대방도 미소를 보내지만 여러분이 화난 얼굴을 보이면 상대방도 불편한 얼굴로 대하게 됩니다.
도전적인 상황 속에서 미소가 만들어 내는 결과는 매우 놀랍습니다.
당신의 미소는 당신의 선한 의도를 전달하는 메신저가 되는 것이지요.
눈살을 찌푸리고 있는 사람들이나 고개를 돌리고 외면하려는 사람들에게 당신의 미소는 구름을 뚫고 나오는 햇빛과도 같습니다.
상사로부터 스트레스를 받고 있는 동료 혹은 힘들어하는 고객이나 가족이 있다면 미소를 보여 주세요.
미소는 희망을 일깨워 주고 우리들의 삶 속에 기쁨이 존재함을 느끼게 해줍니다.
미소와 함께 하루에 15번 이상 크게 웃을 수 있다면 건강하게 살 수 있습니다. 쑥스럽고 어색하시다고요? 그러면 출퇴근 시간 차 안에서 해 보는 것은 어떨까요?
"미소는 인간이 표현할 수 있는 가장 아름다운 예술입니다."

행동으로 옮겨 보세요 〉〉〉〉 Move Into Action

5는 오늘을 의미합니다. 오늘은 우리에게 최고의 선물이요 축복입니다.
오~! 하면서 매월 5일에는 의식적으로 밝게 미소 지어 보세요.
우리는 행복하기 때문에 웃는 것이 아니라 웃기 때문에 행복해집니다.
한 시간에 한 번씩 누군가에게 미소를 보낸다면 어떤 변화가 일어날까요?
여러분의 밝은 미소는 사람들에게 크나큰 선물이 될 것입니다.
매일 미소짓고, 인사하고, 대화하면서, 칭찬하는 〈미인대칭〉을 실천해 보세요.
"**미소** Smile ☺ Smile **미소**."

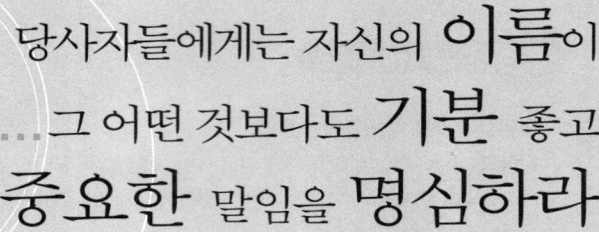

Remember that a person's name is to that person the sweetest and most important sound in any language

이름을 잘 기억하고 자주 불러주라.
성공한 리더들은 대개 직원들의 이름을 기억하는 데 명수들이다.
이 원리를 실천하는 데는 노력이 필요하다.
그리고 이러한 노력에는 큰 성과가 따른다.

-------------------------------- *2분 명상*

카네기가, 민주당 전국 위원회 의장과 체신부장관을 역임한 짐 팔리를 인터뷰 한 적이 있었습니다. 짐 팔리는 고등학교도 마치지 못했지만, 마흔여섯 살이 채 되기 전에 네 개의 대학교에서 명예 박사 학위를 받았고, 1932년 프랭클린 루스벨트의 선거위원장이 되어 루스벨트가 영광스런 백악관의 주인이 되게 하는 데 크게 기여했습니다.

카네기는 짐 팔리에게 그의 성공 비결을 물었습니다.

"짐, 당신의 성공 비결은 무엇입니까?"

"열심히 일하는 것이지요."

"농담이시죠?"

"당신은 나의 성공 비결이 무엇이라고 생각합니까?"

"당신은 수천 명의 사람들의 첫 이름자만 말해도, 그들의 얼굴을 모두 기억할 수 있는 분이라고 알고 있습니다."

"아니 틀렸소, 나는 5만 명의 이름을 기억할 수 있소."

짐 팔리는 젊은 시절, 석고 회사 영업사원으로 일하기도 했고, 스토니 포인트 지역에서 가게를 운영하기도 했습니다. 그때 그는 사람들의 이름을 기억하는 방법을 알아냈습니다.

그는 새로운 사람을 만날 때마다, 그 사람의 성과 이름, 가족 사항이나 직업, 정치적 견해 등을 물어본 뒤 이것을 하나의 그림으로 정리하여 머릿속에 새겨 두었다가 그 그림을 반복적으로 떠올렸습니다. 그 결과 1년이 지난 뒤에 그 사람을 만나더라도 그의 가족들 안부를 묻거나 뒤뜰에 있던 정원수 얘기까지 할 정도가 되었습니다.

루스벨트가 대통령 선거 유세를 하기 몇 달 전, 짐 팔리는 하루에 수백 통의 편지를 각 지역의 사람들에게 보냈습니다. 그리고 기차를 타고 19일 동안 20개 주를 순회했습니다. 마차, 자동차, 기차, 배를 타고 마을마다 방문하여 사람들과 식사나 차를 같이 하면서 허

심탄회하게 대화를 나누었습니다.

그 후 뉴욕에 도착하면 즉시 팔리는 방문했던 각 마을의 대표에게 편지를 보내 자신이 만난 사람들의 명부를 만들어서 보내 달라고 부탁했습니다. 이 명단의 최종 인원은 수만 명에 달했으나, 짐은 그 한사람 한 사람에게 다정다감한 편지를 보냈습니다. 그 편지는 '친애하는 빌'이나 '친애하는 제인'으로 시작했고, 항상 끝에는 '짐'이라는 서명이 되어 있었습니다.

사람들이 전 세계 모든 사람들의 이름을 합친 것보다 자신들의 이름에 더 많은 관심을 갖고 있다는 사실을 팔리는 아주 오래전부터 알고 있었던 것입니다.

팔리의 사례처럼, 정치인들이 기억해야 할 첫 번째 원칙은 유권자의 이름을 기억하고 불러주는 것입니다. 유권자의 이름을 잊어버리는 것은 표를 잃는 것과 같습니다.

프랑스의 황제이며 보나파르트 나폴레옹의 조카였던 나폴레옹 3세는 소개받은 사람의 이름을 모두 기억할 수 있음을 자랑스럽게 생각했습니다. 그는 어떻게 사람들의 이름을 기억했을까요? 그가 사용한 방법은 지극히 간단합니다.

첫째, 상대방의 이름을 제대로 알아듣지 못했을 경우에는, "미안하지만 다시 한 번 말씀해 주십시오"라고 말합니다. 그리고 생소한 이름의 경우에는 "어떤 글자를 씁니까?"라고 다시 묻습니다.

둘째, 대화하고 있는 동안에는 몇 번이고 되풀이하여 이름을 그 사람의 얼굴, 표정, 전체적인 모습과 연관시키려고 노력합니다.

셋째, 만일 상대방이 중요한 인물이라면 그는 더 많은 노력을 기울였습니다. 혼자 있는 시간이 되면 그는 메모지에 상대방의 이름을 적고 정신을 집중시켜 정확히 외운 다음 그 메모지를 찢어 버립니다.

이처럼 그는 눈과 귀를 통해 이름에 대한 인상을 간직했던 것입니다.

앤드류 카네기의 성공 비결도 이와 마찬가지입니다.

사람들은 그를 강철왕이라고 불렀지만, 정작 본인은 강철 제조에 관해서 아는 바가 거의 없었습니다. 그는 강철에 대해서 자기보다 월등히 많이 알고 있는 수백 명의 사람들을 거느렸을 뿐입니다. 그는 어린 시절부터 조직을 운영하는 능력과 리더십을 발휘했습니다.

카네기는 열 살 때 사람들이 자신의 이름에 얼마나 애착을 갖는지를 깨달았습니다. 그리고 사람들의 그러한 심리를 이용해서 다른 사람들의 협조를 구한 사례가 있습니다.

카네기는 미국으로 건너오기 전에 스코틀랜드에서 어린 시절을 보냈는데, 당시 어미 토끼 한 마리를 갖게 되었습니다. 얼마 지나지 않아 여러 마리의 새끼가 태어났는데, 그들에게 먹일 먹이가 부족했습니다. 이때 그의 머릿속에 멋진 생각이 떠올랐습니다. 카네기는 동네 아이들에게 "토끼에게 줄 클로버 잎과 민들레를 가져다 주면 토끼들에게 아이들의 이름을 붙여 주겠다"고 말했습니다.

이 아이디어는 정말로 마술과도 같은 효과가 있었습니다. 토끼에게 아이들의 이름을 붙여 준 덕분에 카네기는 먹이 걱정을 할 필요가 없게 되었지요.

카네기는 이때의 일을 한시도 잊지 않았습니다. 그리고 그것을 사업에도 응용하여 막대한 돈을 벌었습니다.

카네기가 펜실베이니아 철도 회사에 강철 레일을 판매하려고 했을 때의 일입니다. 당시 펜실베이니아 철도 회사 사장의 이름은 에드가 톰슨이었습니다. 카네기는 피츠버그에 거대한 강철 회사를 만들고는 그 회사의 이름을 '에드가 톰슨 강철 회사' 라고 붙였습니다.

여기서 수수께끼를 하나 내볼까요? 펜실베이니아 철도 회사가 강철 레일이 필요했을 때 어디에서 레일을 구입했을까요? 그야 당연히 카네기의 회사였겠죠.

그리고 카네기와 조지 풀만이 침대 열차 사업으로 경쟁을 벌일 때도, 강철왕은 토끼로 인해 얻은 교훈을 기억했습니다.

카네기의 센트럴 회사와 풀만의 회사가 서로 유니언 퍼시픽 철도 회사에 침대차를 공급할 기회를 얻고자 치열한 경쟁을 하고 있었습니다. 서로 상대방의 허점을 노리고 험담과 비방을 일삼았고, 가격을 지나치게 할인하여 두 회사 모두 수익을 얻을 수 없을 정도가 되었습니다.

마침내 유니언 피시픽 철도 회사에 최종 조건을 제시할 때가 되었을 때, 카네기와 풀만은 뉴욕의 니콜라스 호텔에서 우연히 마주치게 되었습니다. 카네기가 풀만에게 말을 걸었습니다.

"안녕하십니까? 풀만 씨? 우리가 바보짓을 하고 있는 것이 아닐까요?"

"그게 무슨 말씀이십니까?" 풀만이 물었습니다.

카네기는 마음속으로 생각하고 있었던 일, 즉 서로의 이익을 위한 두 회사의 합병에 대한 자신의 아이디어를 그에게 말했습니다. 풀만은 그의 말을 주의 깊게 들었으나 반신반의하는 듯했습니다. 잠시 뒤 풀만이 카네기에게 물었습니다.

"그럼 새로운 회사의 이름은 무엇이라고 하겠소?"

카네기는 즉시 이렇게 대답했습니다.

"물론 풀만 팔레스 차량 회사이지요."

풀만의 얼굴 표정이 갑자기 밝아지더니 이렇게 말했습니다.

"내 방으로 가서 좀더 이야기합시다."

이 대화로 당시 산업 역사상 최대의 기업 합병이 이루어졌습니다. 사람들의 이름을 기억하고 상대방을 높이 존중해 주는 카네기의 이런 행동이 바로 그가 성공한 비결 중의 하나였습니다.

카네기는 자기 회사에서 일하는 수많은 직원들의 이름자만 대도 그들의 얼굴을 똑똑히 기억하는 것을 자랑으로 여겼고, 그가 직접 회사를 운영하는 동안 단 한 번도 파업이 일어난 적이 없었던 점에 자부심을 가졌습니다.

물론 이런 방법에는 시간과 노력이 필요합니다. 에머슨은 "좋은 습관은 약간의 희생을 지불함으로써 만들어진다"라고 말했습니다. 이름을 기억하고 사용하는 일은 왕과 경영자들만의 특권이 아닙니다. 우리 모두에게 필요한 것입니다.

사람들은 자신의 이름에 강한 애착을 가지고 있을 뿐만 아니라, 이름을 후세에 남기고 싶어 합니다. 미국 서커스의 창시자 P. T. 바넘도 자기 이름을 계승해 줄 자식이 없는 것을 고민하다가, 결국 손자인 C. H. 실리에게 '바넘 실리'로 개명한다면 2만 5,000달러를 주겠다는 제의를 했습니다.

오랜 세월 동안 귀족이나 명사들은 예술가, 음악가, 작가들을 후원하면서, 그들의 작품에 자신의 이름을 넣었습니다. 도서관 혹은 박물관의 값비싼 소장품 중에도 자신의 이름을 후세에 남기고 싶어 하는 사람들이 기증한 것들이 많습니다. 교회의 아름다운 스테인드글라스에도 기증자의 이름이 새겨져 있고, 대학교의 이름이나 건물들도 기증자의 이름을 따서 지은 것들이 많습니다.

사람들의 이름을 기억하고 자주 불러주세요. 누군가의 이름은 그 사람만의 것이며, 이름은 개개인을 차별화시켜 주며, 다른 수많은 사람들 중에서 오직 그 사람만을 특별한 존재로 만들어 줍니다.

개인의 이름을 사용하게 되면 우리가 전달하고자 하는 정보나 우리의 요구 사항들이 특별한 의미를 지니게 됩니다. 종업원에서부터 최고경영자에 이르기까지, 이름은 사람을 다루는 데 있어 마술적인 힘을 발휘합니다.

원칙 6 〉〉〉〉 **Summary**

이 사실을 기억하지 않으면 어려움에 빠진다
이름은 개인을 타인과 구분해 줄 뿐 아니라 그 사람을 독특하고 중요한 존재로 만들어 줍니다. 사람들의 이름을 꼭 기억해서 불러 주세요.
그리고 이름을 부를 때 작은 칭찬도 곁들여 보세요. 그렇게 함으로써 상대방에게 특별한 감정을 심어줄 수 있답니다.
만약 사람들의 이름이나 철자를 실수하게 된다면 여러 가지 손해를 보게 될 것입니다. 회사 내에서 정보를 요청하거나 업무적인 협조를 필요로 할 때, 상대방의 이름을 기억하고 정확히 부른다면 상대방이 제공하는 정보는 그 내용부터 달라질 것입니다.
이름을 잘 기억하기 위해서,
먼저 상대방의 인상과 함께 명확하게 들으세요.
그리고 나서 마음속으로 여러 번 반복하고, 대화 도중 자주 사용해 보세요.
마지막으로 헤어질 때 이름을 불러 준다면 좋은 인상을 심어 줄 수 있답니다.
이름을 지속적으로 기억하기 위해서는 어떤 광경을 생각하면서 연상을 해 보세요. 중요한 것은 상대방의 이미지와 함께 이름을 반드시 기억하겠다는 의식을 가지는 것입니다.
"고객의 이름 뿐만 아니라 그 가족의 이름까지 기억하는 것은 큰 자산이다."

행동으로 옮겨 보세요 〉〉〉〉 **Move Into Action**

6은 사람의 신체(육체)를 뜻합니다. 사람의 신체 모두가 중요하겠지만 이름은 특히 그 사람을 상징합니다.
매월 6일에는 만나는 모든 사람들의 이름을 잘 기억하고 자주 불러주세요.
누군가와 대화를 나눌 때, 이름을 기억할 수 있도록 여러 번 반복해 보세요.
자신의 이름에 대한 값어치를 한 번 매겨 보시고 가치 있는 이름이 되도록 의미를 부여해 보세요. 인간관계에 있어 마술과도 같은 힘을 얻기 위해서
"이름을 잘 기억하고 자주 불러 주세요."

원칙 7 경청하라. 자신에 대해 말하도록 다른 사람들을 고무시켜라

Be a good listener. Encourage others to talk about themselves

> 사람들은 누구나 다른 사람의 문제보다는 자신의 일과 소망, 그리고 문제들에 대해 더 많은 관심을 가지고 있다. 타인을 다루는 가장 효과적인 방법은 상대방의 말에 주의 깊게 공감하면서 진지하게 그의 말을 경청하는 것이다.
>
> — *2분 명상*

"인간에게 있어 가장 중요한 능력은 자기 표현력이며, 현대의 경영이나 관리는 커뮤니케이션에 의해 좌우된다"라고 피터 드러커 박사는 말합니다.

커뮤니케이션에는 듣기, 말하기, 읽기, 쓰기 등 네 가지가 있는데, 이 중에서 말하기와 함께 중요하면서도 어려운 원칙이 바로 '듣기'입니다. 다시 말해서 상대방의 말을 잘 들어주는 경청의 원칙이지요.

언젠가 브리지(카드게임의 한 종류) 파티에 초대받았을 때의 일입니다. 나(데일 카네기)는 사실 브리지 게임을 즐기지 않았는데, 그곳에서 브리지 게임을 할 줄 모르는 한 금발 부인과 우연히 이야기를 나누게 되었습니다.

대화 중 내가 얼마 전 유럽 여행을 한 적이 있다고 말하자, 그녀는 내가 여행한 멋진 장소와 아름다운 경치에 대해서 듣고 싶다고 재촉을 했습니다.

그래서 우리 두 사람은 나란히 소파에 앉았습니다. 그녀는 남편과 함께 최근 아프리카 여행을 다녀왔다고 말했습니다.

"아프리카요!" 그는 감탄사를 연발했습니다. "멋지군요, 저도 항상 아프리카를 한 번 가보고 싶었습니다. 저는 알제리에 하루 동안 머물렀던 것 외에는 아프리카에 대해서 잘 모릅니다. 아, 정말 부럽습니다. 저에게 아프리카 이야기를 들려주시겠습니까?"

그녀는 45분이 넘도록 쉬지 않고 아프리카 이야기를 했습니다. 그러나 나의 여행 경험에 대해서는 두 번 다시 물어보지 않았습니다. 그녀는 "카네기 씨? 당신처럼 대화를 잘하는 분을 만나게 되어 정말 즐거웠습니다"라고 말했을 뿐이었습니다.

그녀는 자신의 이야기에 귀 기울여 들어 줄 수 있는 사람이 필요했던 것입니다. 자신이 가본 곳에 대해 자랑하며 자신을 과시해 보고 싶어 했던 것이지요.

그렇다면 그녀는 비정상일까요? 전혀 아닙니다. 그녀뿐 아니라 대부분의 사람들이 그녀와 마찬가지로 행동합니다.

잭 우드포드는 『사랑의 이방인』이라는 책에서 이렇게 쓰고 있습니다.

"은근한 찬사에 흔들리지 않는 사람도 자신의 이야기를 열중해서 들어주는 사람에게는 마음을 뺏기게 된다."

비즈니스에 있어 성공적인 상담의 비결은 무엇일까요? 하버드 대학교 총장이었던 찰스 W. 엘리어트는 이렇게 말했습니다.

"상담에 별다른 비결 따위는 없다. 다만 상대방의 이야기에 주의를 기울여 잘 경청하는 것이 중요하다. 어떠한 찬사도 이보다 효과적인 방법은 없다."

남의 이야기를 듣는 것은 비즈니스뿐만 아니라 가정생활에서도 중요합니다. 뉴욕 주에 살고 있는 밀리 에스포시토 부인은 자녀가 이야기하기를 원할 때 진지하게 들어주는 것을 매우 중요하게 생각했습니다.

어느 날 저녁 에스포시토 부인은 아들 로버트와 함께 부엌에 앉아 있었습니다. 로버트는 자기가 생각하고 있는 것을 그녀와 함께 의논하고 난 뒤 이렇게 말했습니다.

"엄마, 난 엄마가 나를 무척 사랑하고 있다는 것을 알고 있어요."

그녀는 온화한 얼굴로 이렇게 말했습니다.

"물론 나는 너를 무척 사랑하고 있단다. 넌 그걸 의심했었니?"

로버트가 대답했습니다.

"아니, 엄마가 나를 정말 사랑해 준다는 것을 알고 있어요. 왜냐하면 내가 엄마와 이야기를 하려고 하면 엄마는 무슨 일을 하다가도 멈추고 내 말을 끝까지 들어 주잖아요."

『리더스 다이제스트』지에 언젠가 이런 글이 실린 적이 있습니다.

"세상에는 자신의 이야기를 들려주기 위해 의사를 부르는 사람들이 많다."

링컨은 남북전쟁 막바지에 자신의 고향인 스프링필드의 옛 친구에게 편지를 보내 워싱턴으로 와 달라고 부탁했습니다. 그와 몇 가지 중요한 문제에 대해 상의를 하고 싶다고 했습니다.

그 친구가 백악관에 도착하자, 링컨은 노예 해방 선언을 발표하는 것이 과연 타당성이 있는 것인지에 관해 친구에게 몇 시간 동안 이야기를 했습니다. 어떤 사람들은 반대하고 어떤 사람들은 찬성하고 있다고 언급한 다음, 노예를 해방하지 않는다고 비난하는 의견과 겁이 나서 노예를 해방하려 한다고 비난하는 의견을 담은 투서와 신문기사를 그 친구에게 읽어 주었습니다.

몇 시간 동안 쉬지 않고 혼자서 이야기를 한 링컨은 어느 정도 마음이 편해진 것처럼 보였습니다.

"그는 이야기를 하고 난 뒤 후련해 하는 것 같았습니다"라고 링컨의 옛 친구는 말했습니다.

링컨은 그 당시 상대방의 의견을 듣고 싶었던 것이 아니었습니다. 링컨이 원했던 것은 자신의 마음을 털어 놓을 수 있는, 우호적으로 편하게 들어줄 수 있는 사람이 필요했던 것입니다.

곤경에 처했을 때는 누구나 그렇습니다. 종종 화를 내고 있는 고객, 불만을 품고 있는 사원, 상심해 있는 친구들에게 필요한 것은 그들의 마음의 짐을 덜 수 있도록 그들의 말에 성실히 귀 기울여 주는 사람입니다.

현대에서 가장 뛰어난 경청자 중의 한 사람으로 지그문트 프로이트를 들 수 있습니다.

프로이트를 만나 본 어떤 사람은 그의 경청 태도를 이렇게 묘사했습니다.

"너무나 인상적이어서 도저히 프로이트를 잊지 못할 것 같아요. 그는 다른 사람에게서는 찾아볼 수 없었던 특성을 지니고 있었습니다. 내 이야기를 그렇게 집중해서 듣는 것을 본 적이 없습니다. 그가 경청하는 모습은 다른 사람의 마음을 꿰뚫어 보는 듯한 '영혼을 파고드는 응시' 같았습니다. 그의 눈은 온화하고 다정스러웠습니다. 목소리는 낮고 친절했고, 제스처는 별로 없었습니다. 그러면서도 그가 나에게 보내는 관심, 내가 말한 것에 대한 그의 찬사는 정말 엄청났습니다. 상대방이 그렇게 들어 줄 때 어떤 느낌이 드는지 당신은 아마 상상도 못할 겁니다."

자기 자신에 대해서만 이야기 하는 사람은 자신의 일 외에는 생각하지 않는 사람입니다. 컬럼비아 대학 총장 니콜라스 머레이 버클러 박사는 이렇게 말합니다.

"자기 일만 생각하고 있는 사람은 교양이 없는 사람이다. 비록 어느 정도 교육을 받았다 하더라도 교양이 몸에 배어 있지 않은 사람이다."

당신이 말을 잘하는 사람이 되기를 원한다면, 남의 말에 귀 기울이고 주의 깊게 경청할 줄 아는 사람이 되어야 합니다. 상대방에게 흥미를 불러일으키려면 먼저 내가 흥미를 느껴야 합니다. 상대방이 좋아하는 질문을 하십시오. 그들 자신과 그들이 자랑스럽게 생각하고 있는 일에 관해 이야기하도록 기회를 주십시오.

다시 한 번 기억하기 바랍니다. 상대방은 당신이나 당신의 문제들보다는 자신의 일과 소망, 그리고 문제들에 대해 더 많은 관심을 가지고 있습니다.

사람의 마음은 낙하산과 같습니다. 펼쳐지지 않으면 아무 쓸모가 없는 것이지요. 타인을 다루는 가장 효과적인 방법은 상대방의 말에 주의 깊게 공감하면서 진지하게 그의 말을 경청하는 것입니다.

영국 속담에 우리가 기억해야 될 명언이 하나 있습니다. "지혜는 들음으로써 생기고, 후회는 말함으로써 생긴다."

원칙 7 〉〉〉〉 Summary

즐거운 대화를 하기 위한 쉬운 방법
다른 사람의 말에 귀 기울이면 다른 사람에 대해 알 수 있고, 상대방과 우호적인 관계를 맺을 수 있습니다.
하지만 대화 중에 조용히 듣고만 있는 것으로 충분하지는 않습니다.
적절한 질문을 할 줄 알아야 합니다.
많은 사람들이 다른 사람에게 좋은 인상을 심어 주는 데 실패하곤 하는데, 그 이유는 귀를 열어 상대방의 말을 경청하기보다는 '저 사람 말이 끝나면, 나는 무슨 말을 할까' 에 관심을 기울이기 때문입니다.
로마의 정치가 키케로는 2천년 전에 이렇게 말했습니다.
"침묵은 예술이다. 웅변도 예술이다. 하지만 경청은 잊혀져 가는 예술이다."
위대한 리더는 경청을 하는 데 있어 세계 제일입니다.
가족이나 직원들의 말에 주의 깊게 공감하면서 잘 경청해 보세요.
경청은 바로 친구를 만들고, 경청을 통한 아이디어는 돈을 벌게 해줍니다.
경청에 대한 데일 카네기의 말을 기억하세요.
"우리는 경청을 통해 상대방에 대해 알게 되고, 사람들은 자기 말을 잘 경청하는 사람에게 우호적으로 대하게 됩니다."

행동으로 옮겨 보세요 〉〉〉〉 Move Into Action

7은 완전수를 의미하면서 행운을 상징하기도 합니다.
경영학자 피터 드러커에 의하면, '모든 경영관리 문제의 60%이상은 잘못된 커뮤니케이션에서 기인한다' 고 합니다.
하늘에 별이 7개 있고, 사람의 얼굴에 구멍이 7개 있듯이 원만한 인간관계를 위해서 매월 7일에는 당신의 말은 가급적 삼가하고 다른 사람의 말을 진지하게 경청해 보세요. 경청을 통해 얻게 되는 아이디어는 바로 복을 가져다 줍니다.
당신의 가족이나 동료가 즐겨 말할 수 있는 주제를 가지고 질문을 한 번 던져 보는 것이 어떨까요?
"경청하라. 상대방이 자신의 이야기를 말하도록 해주라."

상대방의 관심사에 대해 이야기하라

Talk in terms of the others person's interests

> 우리 모두는 대부분 자기 자신에 대한 생각들로 가득하다.
> 자신에 대한 생각은 잠시 접어두고
> 상대방의 관심사나 생각하고 있는 것에 대해 얘기해 보자.
>
> — 2분 명상

사람을 움직이는 가장 효과적인 방법은 상대방의 관심사를 파악하여 화제로 삼는 것입니다. 많은 사람들은 자신이 좋아하는 일에 대해 흥미를 가지고 이야기를 하고 싶어 합니다.

세일즈를 할 때도 가장 먼저 생각을 해보아야 할 것은, 상대방이 관심을 갖고 있는 부분이 무엇인가 하는 것입니다. 그러면 그들도 우리에게 관심을 기울이게 됩니다.

루스벨트 대통령을 만나 본 사람이라면 누구나 그의 해박하고 다양한 지식에 놀라게 됩니다. 루스벨트는 상대방이 농부면 농사에 관해서, 기병대원이면 기병대에 관해서, 정치가면 정치에 관해서, 외교관이면 외교에 관한 이야기 등등 그 사람에게 적합한 화제를 선택하여 대화를 재미있게 이끌어 냅니다.

그 비결은 무엇일까요?

루스벨트는 방문객이 오기 전에 미리 그 사람이 특별히 관심을 갖고 있는 분야에 대해 독서를 합니다. 그는 인간의 마음을 사로잡는 지름길은, 그 사람이 가장 흥미를 느끼고 있는 일을 화제로 삼는 것이라는 사실을 잘 알고 있었던 것입니다.

예일 대학의 문학 교수였던 윌리엄 라이언 펠프스는 어린시절 숙모님에게서, 타인이 가장 소중하게 여기는 것에 대해 대화하는 것의 중요성을 깨달았다고 합니다.

그는 『인간의 본성』이라는 책에서 이렇게 말하고 있습니다.

여덟 살 되던 해, 나는 스트래트포드에 살고 있는 린즐리 숙모님 댁을 방문하여 주말을 보낸 적이 있습니다. 저녁 무렵 한 중년 신사가 숙모님 댁을 방문하여 이야기를 나누다가, 얼마 후 나에게 관심을 보이기 시작했습니다. 그 당시 나는 보트에 관심이 많았는데, 그 신사는 아주 흥미로운 태도로 보트에 관해 이야기를 하면서 내 마음을 사로잡았습니다.

그 손님이 돌아가자, 나는 그 사람에 대해 호감을 갖고 숙모님께 말했습니다.

"그 사람은 정말 멋진 분이에요! 그렇게 보트를 좋아하는 사람은 드물 거예요."

그러자 숙모님은 그 사람은 뉴욕의 변호사인데, 보트에 관해서는 별로 아는 것이 없는 사람이라고 말해 주었습니다.

"그럼 왜 줄곧 보트에 관해서만 이야기를 했을까요?"

"그것은 그분이 신사이기 때문이란다. 그분은 네가 보트에 관심이 있다는 것을 알고는 너에게 흥미를 불러일으키고 기쁘게 해주기 위해 그런 거란다."

다음은 보이스카우트 단원인 에드워드 L. 찰리프라는 사람이 내게 보내온 편지입니다.

어느 날 나는 다른 사람에게 도움을 청할 일이 생겼습니다. 유럽에서 열리는 보이스카우트 잼보리 행사에 소년 단원 한 명을 대표로 참가시키려고 했지만, 여행 경비가 문제였습니다. 그래서 그 비용을 미국에서 가장 큰 기업체 사장에게 기부받을 생각이었습니다.

그 사장을 방문하기 직전에 나는 그가 100만 달러짜리 수표를 발행했다 결제가 끝난 다음 기념으로 그것을 액자에 넣어 보관하고 있다는 중요한 정보를 들었습니다. 나는 사장실에 들어서자마자 그 수표 이야기를 꺼냈습니다.

"사장님, 100만 달러짜리 수표라니요! 한 번 보여 주시겠습니까? 저는 그러한 수표를 끊을 수 있는 사람이 있으리라고는 생각도 못했습니다. 우리 소년 단원들에게 100만 달러나 되는 거액의 수표를 직접 보았다는 이야기를 들려주고 싶습니다."

그러자 사장은 흔쾌히 그 수표를 보여 주었습니다. 제가 백만 달러의 수표를 발행하게 된 경위에 대해 물어보자, 그는 자랑스럽게 설명해 주었습니다.

찰리프 씨는 보이스카우트 행사나 후원금 따위에 대해 일체 언급하지 않았습니다. 그는 상대방이 관심을 가지고 있는 수표에 대한 이야기만 했습니다. 그런데 그 결과는 어떻게 되었을까요?

수표 이야기가 끝나자 사장이 내게 물었습니다.
"당신이 나를 만나러 온 용건은 무엇입니까?"
그때서야 나는 찾아온 목적을 설명했는데, 놀랍게도 사장은 나의 부탁을 즉석에서 수락하였을 뿐 아니라, 생각지도 않던 지원까지 해주었습니다.

나는 소년 단원 한 사람의 경비만을 부탁했는데, 사장은 나를 포함한 다섯 명의 경비를 후원해 주겠다고 하였습니다. 그리고 1,000달러의 신용장을 주면서 유럽에서 일 주일간 머물렀다가 돌아오라는 말도 했습니다.

게다가 소개장까지 써주며 자기 회사의 유럽 지점장이 우리에게 여러

가지 편의를 제공해 주겠끔 배려해 주었습니다. 그 후 그는 우리 모임의 후원자가 되어 가정 형편이 어려운 소년들에게 직장을 구해 주기도 하였습니다.

만약 찰리프가 그 사장의 관심사가 무엇인지 모르고 후원부터 요청했다면 그런 도움을 받기는 힘들었을 것입니다.
이러한 방법을 과연 사업에서도 응용할 수 있을까요?
뉴욕에 있는 일류 제빵업자인 헨리 G. 두버노이 씨는 한 호텔에 빵을 납품하고자 무척 애를 쓰고 있었습니다.
그는 4년 동안 매주 지배인을 찾아가기도 하고, 호텔에 투숙해 보기도 했지만 모두 허사였습니다. 그때의 일을 그는 다음과 같이 회고하였습니다.
"저는 카네기 코스에서 인간관계에 대해 공부한 후에 방법을 바꾸기로 했습니다. 지배인의 관심사가 무엇인지 알아보기 시작했습니다. 그 결과 그가 미국호텔협회 회원인 것을 알게 되었습니다. 그것도 단순한 평회원이 아니고 회장이었습니다. 지배인은 협회의 모임이 열리는 곳이면 어디든지 찾아가는 열성으로 협회의 회장까지 겸하고 있었습니다.
다음날 나는 그와 만난 자리에서 그 협회에 관한 화제로 이야기를 시작했습니다. 지배인의 반응이 어떠했을까요? 그것은 놀랄 만한 것이었습니다. 그는 흥분된 목소리로 30분 가량 협회에 대해 이야기를 했습니다.

협회의 일은 그에게 최고의 즐거움이며 인생의 열정이라는 것을 느낄 수가 있었습니다. 저는 그 자리에서 그 협회의 찬조 회원으로 가입했고, 빵에 대해서는 한마디도 하지 않고 헤어졌습니다.

며칠 후 호텔 사무장에게서 전화가 왔습니다. 빵 샘플과 가격표를 갖고 빨리 오라는 것이었죠. 사무장은 저를 보더니 "당신이 무슨 방법을 사용했는지는 모르지만, 지배인이 당신에게 굉장한 호감을 갖고 있는 것 같아요"라고 인사를 하더군요.

생각해 보십시오! 4년간이나 지배인을 따라다니며 설득하려고 했는데, 그러한 노력보다 호텔협회에 관해 던진 한 마디의 말이 훨씬 더 효과적이었습니다.

상대방의 관심사나 그가 좋아하는 화제에 대한 이야기를 꺼내지 않았다면, 나는 아직도 헛수고만 하고 있었을 것입니다."

4년 동안 하지 못한 일을 단 하루 만에 해치울 수 있었던 것은 바로 상대방이 관심을 가지고 있는 것에 대해 이야기했기 때문입니다. 다른 사람의 관심사를 화제로 삼는 것은 쌍방 모두에게 이익을 주는 것입니다.

원칙 8 〉〉〉〉 Summary

사람들의 흥미를 끄는 법
흥미로운 사람이 되고 싶나요? 그렇다면 나 자신에 대한 관심의 채널을 잠시 끄고, 다른 사람의 관심사에 채널을 맞춰 보세요.
사람은 누구나 자신의 관심사에 대해 이야기하는 것을 좋아 합니다.
음악을 좋아하는 사람이 있다면 음악에 대해서, 스포츠를 좋아하는 사람이 있다면 스포츠에 대해서 대화를 나눠 보세요. 함께하는 가족들의 관심사가 무엇인지, 팀원들의 관심사가 무엇인지 알고 대화를 한다면 호감을 줄 수 있습니다.
위대한 리더들은 팀원들과 성실한 관계를 맺는 법을 잘 알고 있습니다.
사람들은 자신이 가장 소중히 여기는 보물에 대해서 이야기하고 싶어 한다는 것이지요.
당신이 자동차 세일을 한다면 고객의 트렁크를 열어 보세요.
트렁크 속에 들어 있는 물건을 통해 고객의 관심사가 무엇인지 알 수 있답니다.
영업을 하려고 하면 물건을 팔 수 없습니다.
최고의 세일즈 맨이 되고 싶나요? 그렇다면 다음의 말을 명심하세요.
"고객의 관심사가 무엇인지 알고 좋은 것을 소개해 주려는 마음에서 영업을 하면 잘 할 수 있습니다."

행동으로 옮겨 보세요 〉〉〉〉 Move Into Action

매월 8일은 사람을 변화시키기 위해 다른 사람이 지닌 보물을 찾는 날입니다.
아름다운 팔도강산을 여행하면서, 내가 만나는 사람들의 관심사가 무엇인지 알아보는 시간을 가져 보세요.
당신의 상사 동료 또는 부하직원의 관심사는 무엇입니까?
만약 아직 잘 모르고 있다면, 발견하기 위한 시간을 마련해 보세요.
"상대방의 관심사에 대해 이야기 하라."

원칙 9 상대방으로 하여금 중요하다는 느낌이 들게 하라
- 단, 성실한 태도로 해야 한다
Make the other person feel important-and do it sincerely

> 사람들은 대부분 자기 자신을 중요한 존재로 여긴다.
> 또한 자신이 어떤 면에서는 다른 사람보다 뛰어나다고 생각한다.
> 따라서 진심에서 우러나오는 인정과 칭찬은 아주 강력하게
> 상대방의 마음을 사로잡을 수 있도록 해준다.
>
> — *2분 명상*

인간의 행동에 있어 매우 중요한 원칙이 한 가지 있습니다. 이것을 따르면, 우리는 인간관계에 있어 거의 모든 문제를 피할 수가 있고 많은 친구를 얻으면서 행복을 즐길 수 있습니다. 그것은 다름 아닌 다른 사람의 가치를 인정하는 것입니다.

뉴욕의 33번가와 8번가 모퉁이에 있는 한 우체국에서 등기 우편을 보내려고 줄을 서서 기다리고 있을 때였습니다. 등기 담당 직원은 매일 우편물의 무게를 달고 우표와 거스름돈을 내주는 반복되는 업무에 싫증을 느끼고 있는 것처럼 보였습니다. 기다리는 동안

혼잣말로 속삭였습니다.

'저 직원이 나를 좋아하도록 만들어 볼까? 그러기 위해서는 내가 아니라 저 사람의 장점을 말해 주자.'

그래서 내(데일 카네기) 자신에게 질문을 했습니다.

'진실로 저 사람을 칭찬하려면 어떤 점을 칭찬해야 할까?'

이것은 그리 쉬운 문제가 아닙니다. 특히 상대방을 처음 만났을 때는 더욱 어렵습니다. 하지만 이번에는 생각보다 쉽게 그의 장점을 발견할 수 있었습니다. 그 직원이 내 우편물의 무게를 달고 있을 때, 나는 진심으로 감탄하면서 이렇게 말했습니다.

"당신의 건강한 머릿결, 정말 부럽습니다."

약간 놀라는 표정을 지으면서도 그의 얼굴에는 미소가 담겨져 있었습니다.

"글쎄요, 옛날보다는 색이 많이 바랬어요"라며 그 직원은 겸손하게 말했습니다.

나는 비록 전에는 어땠는지 모르지만, 머릿결이 참으로 매력적이라고 말해 주었습니다. 그는 기쁨을 감추지 못했습니다. 우리는 즐거운 대화를 잠시 나누었는데, 그 직원이 내게 마지막으로 한 말은 "사실, 많은 분들이 제 머릿결을 칭찬해 줍니다"라는 것이었습니다.

아마도 그 직원은 즐거운 기분으로 점심을 먹으로 갔을 것이고, 저녁에 집에 돌아가서 아내에게 오늘 낮에 있었던 일에 대해 이야기했을 것입니다. 거울을 들여다보며, '매력적인 머리카락이야!'

하고 중얼거렸을지도 모릅니다.

　인간관계의 법칙에 대해서 철학자들은 수천 년에 걸쳐 연구를 계속 해왔고, 그 가운데서 한 가지 중요한 교훈을 찾아냈습니다. 그것은 새로운 것이 아니고 인류의 역사만큼 오래된 것입니다.

　"남에게서 대접을 받고자 하는 대로 너희도 남을 대접하라."

　이 황금률에 따라 행동합시다. 남에게 대접받고자 하는 그대로 남에게 베푸십시오. 언제, 어디서나 그렇게 해야 합니다.

　이것은 2,500년 전 페르시아에서 조로아스터가 그의 추종자들에게 가르쳤고, 2,400년 전 중국에서 공자가 가르쳤으며, 기원전 500년 전 갠지스 강에서 석가모니가 가르친 것입니다. 그보다 1,000년 전에 이미 힌두교의 성서에서도 이것을 가르쳤습니다. 그리고 예수는 19세기 전에 유대의 바위산에서 이것을 가르쳤습니다.

　아마도 세상에서 가장 중요한 법칙일 것입니다. 인간은 누구나 자신의 가치를 인정받길 원합니다. 적어도 자신의 세계에서는 자신이 중요한 존재라고 느끼고 싶어 합니다. 경박한 아첨을 듣고 싶어 하지는 않지만, 진심에서 우러나오는 아낌없는 칭찬을 원합니다.

　찰스 슈와브의 말처럼, 사람들은 친구나 동료들이 "진심으로 동의해주고 칭찬하는 데 인색하지 않기"를 바라고 있습니다. 이것은 우리 모두가 원하는 것입니다.

　홀 케인은 20세기 초 『크리스천』, 『재판관』, 『맨 섬의 사람들』 등의 베스트셀러를 쓴 작가입니다. 그는 대장장이의 아들로 태어나

8년밖에 교육을 받지 못했지만, 세계에서 가장 부유한 작가가 되었습니다.

그는 14행시와 민요를 좋아했으며, 특히 영국의 시인 단테 가브리엘 로제티의 시에 심취해 있었습니다. 그는 로제티의 예술적 공적을 찬양하는 글을 쓴 뒤, 그 사본을 로제티에게 보냈습니다. 그것을 본 로제티는 매우 기뻐했습니다. 그는 자신의 능력을 이처럼 높이 평가해 주는 젊은이는 분명히 훌륭한 인물일 거라고 판단하여 이 대장장이의 아들을 런던으로 오게 하여 자신의 비서로 채용했습니다.

이것은 케인의 인생에 큰 전환점이 되었습니다. 그는 이 새로운 직업을 통해 유명한 문학가들과 사귀게 되었고, 그들의 조언과 격려에 힘입어 훗날 세계적인 작가로서 이름을 떨치게 되었습니다. 맨 섬에 있는 그의 저택 그리바 캐슬은 전 세계로부터 찾아오는 관광객의 명소가 되었고, 그가 남긴 유산은 250만 달러나 되었습니다. 만일 케인이 로제티를 찬양하는 글을 쓰지 않았더라면, 그는 이름도 없는 가난뱅이로 일생을 마치게 되었을지도 모릅니다.

프랑스의 루앙에 사는 레스토랑 주인인 클로드 마레는 이 원칙을 이용해서, 레스토랑의 중요한 직원을 잃을 뻔한 위기에서 벗어났습니다. 그 직원은 5년 동안 일하면서 21명에 달하는 다른 종업원들과 마레 사이의 연결 고리 역할을 하고 있었습니다. 마레는 등기우편으로 그녀의 사표를 받고 충격을 받았습니다.

마레는 그때의 심정을 이렇게 말했습니다.

"저는 무척 놀라기도 했고 한편으로는 크게 실망하기도 했습니다. 그녀를 섭섭하게 대하지 않았고, 그녀가 요청하는 일은 대부분 들어주었거든요. 그녀를 종업원이라기보다는 친구처럼 생각했기 때문에, 다른 종업원보다 그녀에게 더 많은 것을 요구했는지도 모릅니다. 저는 납득할 수가 없어 그녀의 사표를 받아들이지 않았습니다. 저는 그녀에게 이렇게 말했습니다. '폴레트 내 뜻을 이해해 주기 바라오. 당신은 나와 이 레스토랑의 성공을 위해 정말로 필요한 사람이오.' 저는 이 말을 모든 종업원이 모인 자리에서 반복했고, 그녀를 집으로 초청해 가족이 있는 자리에서 그녀에 대한 저의 신뢰를 털어 놓았습니다. 폴레트는 마침내 사표를 철회했습니다. 저는 그 이후 그녀에 대한 전폭적인 신뢰를 보내고 있습니다. 기회 있을 때마다 그녀의 행동을 칭찬하며, 그녀가 저와 레스토랑을 위해 얼마나 중요한 존재인가를 강조합니다."

사람들은 대부분 자기 자신을 매우 중요한 존재로 여깁니다. 그리고 자신이 어떤 면에서는 다른 사람보다 뛰어나다고 생각합니다. 따라서 진심에서 우러나오는 칭찬은 아주 강력하게 상대방의 마음을 사로잡을 수 있도록 해줍니다.

에머슨의 말을 기억합시다. "내가 만나는 모든 사람은 어떤 점에서는 나보다 뛰어나다. 나는 그들로부터 그 점을 배운다."

원칙 9 〉〉〉〉 Summary

사람들이 당신을 즉시 좋아하게 만드는 방법

사람들이 당신을 좋아하게 하는 방법이 있다면 관심이 있나요?

상대방으로 하여금 중요한 존재라는 느낌을 갖게 해주면, 즉시 상대방과 긍정적인 관계를 만들어 갈 수 있습니다.

인간 본성에 있어 가장 심오한 원칙이 있다면, 그것은 바로 인정받고 싶은 열망이기 때문이죠.

사람들에게 그들 자신의 이야기를 하게 한다면 몇 시간이고 귀를 기울일 것입니다. 그것은 누구나 자신의 가치를 인정받기를 원하고 이 세상 속에서 꼭 필요한 사람이기를 원하기 때문이랍니다.

교육자이며 철학자인 존 듀이는 인간의 욕구 중에서 가장 근본적인 것은 '중요한 사람이 되고자 하는 소망' 이라고 말했습니다.

윌리엄 제임스는 인간성에 있어 가장 강렬한 욕구는 '인정을 받고 싶은 갈망' 이라고 했습니다.

상대방이 중요한 존재라는 사실을 느끼게 해 주십시오.

만약 공공장소나 은행에서 긴 줄을 서서 기다려야 하는 일이 생긴다면, 분주하게 일하고 있는 카운터 직원에게 '훌륭한 점' 을 찾아서 이야기해 주세요.

당신은 그를 행복하게 만들어 줄 것입니다. 그리고 당신 역시 행복해질 것입니다.

이제부터 황금률(The Golden Rule)에 따라 행동합시다.

"당신이 대접받고자 하는 대로 다른 사람을 대접하라."

행동으로 옮겨 보세요 〉〉〉〉 Move Into Action

사람들이 구하고 원하는 것은 바로 자신에 대한 중요감입니다.

9는 바로 구하고 원한다는 의미입니다.

"당신이 대접받고자 하는 대로 다른 사람을 대접하라."

우호적인 사람이 되기위한 마지막 9번째 원칙

매월 9일에는 이 황금률을 실천해 보세요.

"상대방으로 하여금 중요하다고 느낌이 들게 하라."

카네기 원칙 적용 기업 사례 : 2003년 8월 HP(휴렛팩커드)

미인대칭비비불
- 신명나는 직장 생활 -

HP 가족 여러분!
서로 다른 문화를 가진 양사가 이제 하나가 되었습니다.
처음 접하는 낯선 얼굴들로 서먹서먹하거나 어색한 느낌이 있으셨죠?
이제 HP의 기업 문화를 더욱 발전시켜 신명나는 일터를 만들고 진정한 한 가족이 되기 위한 미인대칭비비불 캠페인을 새롭게 시작합니다.

미소는 마법입니다.

인사로 친해지세요.

대화로 풀어가서는

칭찬으로 서로의 기를 북돋우고

비난하기보다는 이해를

비판하기보다는 제안을

불평불만하기보다는 지혜를 모아 문제를 해결하세요.

협력을 얻어내기 위한 원칙: 2부
자신의 의도대로 사람을 설득하는 법

논쟁에서 최선의 결과를 얻을 수 있는 유일한 방법은 그것을 피하는 것이다	원칙 10
상대방의 견해를 존중하라. 결코 '당신이 틀렸다'고 말하지 마라	원칙 11
잘못을 했다면 즉시 분명한 태도로 그것을 인정하라	원칙 12
우호적인 태도로 말을 시작하라	원칙 13
상대방이 당신의 말에 즉시 '네, 네' 라고 대답하게 하라	원칙 14
상대방으로 하여금 많은 이야기를 하게 하라	원칙 15
상대방으로 하여금 그 아이디어가 바로 자신의 것이라고 느끼게 하라	원칙 16
상대방의 관점에서 사물을 볼 수 있도록 성실히 노력하라	원칙 17
상대방의 생각이나 욕구에 공감하라	원칙 18
보다 고매한 동기에 호소하라	원칙 19
당신의 생각을 극적으로 표현하라	원칙 20
도전의욕을 불러일으켜라	원칙 21

원칙 10

논쟁에서 최선의 결과를 얻을 수 있는 유일한 방법은 그것을 피하는 것이다

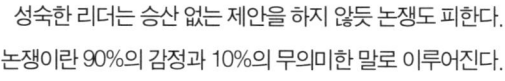

The only way to get the best of an argument is to avoid it

> 성숙한 리더는 승산 없는 제안을 하지 않듯 논쟁도 피한다.
> 논쟁이란 90%의 감정과 10%의 무의미한 말로 이루어진다.
>
> — *2분 명상*

런던에서 열린 로스 스미스 경을 위한 연회에 참석했을 때의 일입니다. 스미스 경은 제1차 세계대전 중 연합군의 조종사로 용맹을 떨쳤으며, 전쟁이 끝난 뒤에는 30일 만에 지구를 반 바퀴나 비행하여 전 세계를 놀라게 한 호주 사람입니다. 그러한 비행은 당시로서는 최초의 시도로서 커다란 센세이션을 불러일으켰습니다.

한창 식사를 하던 중 내(데일 카네기) 옆에 앉아 있던 사람이, "인간이 어떤 일을 벌이던 간에 그 결과는 신의 손에 달려 있다"라는 말을 인용하면서 익살스런 이야기를 했습니다.

그는 이 인용문이 성경에 나오는 문구라고 말했습니다. 하지만 그는 잘못 알고 있었습니다. 나는 잘난 체 하고 싶은 마음에 그의 잘못을 지적했습니다. 그러자 그는 흥분해서 말했습니다.

"뭐라고요? 셰익스피어 작품에 나오는 말이라고요? 그럴 리가 없소! 말도 안 되는 소리요! 그 말은 성경에 나온단 말이요."

그는 나의 오른쪽에 앉아 있었고, 왼쪽에는 내 친구 프랭크 가몬드가 앉아 있었습니다. 가몬드는 오랫동안 셰익스피어를 연구했기 때문에, 우리는 그의 의견을 듣기로 했습니다.

그는 양쪽의 말을 다 듣고는 식탁 아래로 나의 발을 살짝 차면서 이렇게 말했습니다.

"데일, 자네가 틀렸네. 저 신사 분의 말씀이 옳아. 그건 성경에 나오는 말일세."

집에 돌아오는 길에 나는 그 친구에게 "프랭크, 자네도 그 인용문이 셰익스피어에 나오는 말임을 잘 알고 있지 않은가?"라고 물어보았습니다.

"물론 알고 있지, 햄릿 5막 2장에 있는 말이지. 하지만 우리는 그 연회에 초대받은 손님이었네. 왜 그 사람 말이 틀렸다는 것을 증명하려 들지? 그렇게 하면 그가 자네를 좋아하기라도 했을까? 그 사람의 체면도 생각해 주어야지. 게다가 그가 자네의 의견을 물었던 것도 아닌데 왜 그 사람과 논쟁을 하려고 하는가? 항상 원만하게 처신해야 하네."

프랭크는 나에게 결코 잊을 수 없는 깨달음을 주었습니다. 나는 논쟁하는 습관을 갖고 있었는데, 그 일은 나에게 매우 유용한 교훈이 되었습니다.

그 후 수많은 토론을 경청하고 참여하면서, 여러 토론의 결과를 주의 깊게 살펴보았습니다. 이런 경험들로 인해 나는 논쟁에서 이기는 최선의 방법은 이 세상에서 오직 단 한 가지 방법, 즉 논쟁을 피하는 것이라는 결론을 내렸습니다.

마치 독사나 지진을 피하듯이, 논쟁을 피하세요. 논쟁은 언제나 자기 입장이 옳다는 것에 대한 확신으로 끝나 버립니다.

당신은 논쟁에서 이길 수 없습니다. 논쟁에서 져도 지는 것이고, 이긴다고 해도 지는 것이기 때문입니다. 왜 그럴까요? 만일 논쟁에서 상대방을 완벽하게 제압했을 경우 당신의 기분은 좋겠지만 상대방은 어떨까요? 그는 열등감을 느끼고 자존심에 상처를 받을 것입니다. 자신의 신념이 확고한 사람은 어떠한 경우에도 그 신념을 버리지 않습니다.

패트릭 오헤어라는 아일랜드 사람이 카네기 코스에 참가한 적이 있습니다. 그는 논쟁을 좋아하는 사람이었고, 트럭 영업사원으로 일하고 있었으나 실적이 좋지 않아 우리 코스에 참가한 것이었습니다.

그와 간단한 대화를 나눈 뒤, 나는 그가 끊임없이 고객과 논쟁하고 대립하는 사람이라는 사실을 알 수 있었습니다. 고객이 트럭에 대해 조금만 트집을 잡아도 몹시 화를 내면서 고객에게 대들었고, 고객과 논쟁을 벌이면 늘 이겼습니다. 그리고 상대방의 사무실에서 나올 때는 항상 '저런 녀석은 본때를 보여 주어야 돼' 하고 혼잣말로 중얼거렸습니다. 그는 분명히 할 말은 다했지만 트럭은 한 대도 팔지 못했습니다.

내가 패트릭 오헤어에게 가르쳐야 할 것은 말하는 방법이 아니라, 말을 삼가고 논쟁을 피하도록 훈련시키는 일이었습니다. 그는 마침내 뉴욕의 화이트 모터사에서 가장 우수한 실적을 올리는 영업사원이 되었습니다. 어떻게 했을까요? 그의 성공 방법을 들어 봅시다.

"고객이 화이트 트럭이 좋지 않다고 하면서 후지트 트럭을 사겠다고 말하면 이제는 이렇게 대답합니다. '후지트 트럭은 훌륭합니다. 당신이 후지트 트럭을 사시면 후회하지 않을 겁니다. 후지트 트럭은 훌륭한 회사이고 영업사원도 우수합니다.' 제가 이렇게 말하면 고객은 아무 말도 못합니다. 논쟁을 할 여지가 없게 되는 것이죠. 고객이 후지트 트럭이 좋다고 말할 때, 제가 그 말에 동의하면 고객은 말을 중단하게 됩니다. 제가 동의했는데도 하루 종일 후지트사 트럭이 최고야라는 소리를 계속할 수는 없으니까요. 그런 후에 우리는 화제를 바꾸어 화이트 트럭의 장점에 관해 말하기 시작합니다.

이전에는 고객에 그런 말을 들으면 곧바로 흥분하여 후지트 트럭의 결점에 대해 헐뜯기 시작했을 겁니다. 하지만 논쟁을 하면 할수록 고객은 더욱 더 경쟁사의 제품에 호감을 가지게 됩니다.

지금 생각해 보면 그런 식으로 영업을 해서 어떻게 한 대라도 팔 수 있었는지 의문이 갑니다. 나는 오랫동안 논쟁을 하느라 계속 손해만 보았습니다. 이제는 입을 다물고 지냅니다. 덕분에 실적이 날로 번창하고 있습니다."

벤저민 프랭클린은 이렇게 말했습니다.

"당신은 논쟁에서 시비를 하거나 반박을 하면서 상대방을 이길 수도 있다. 하지만 그것은 공허한 승리에 불과하다. 당신은 결코 상대방의 호의를 얻지 못한다."

그리고 링컨은 이렇게 말했습니다.

"스스로에게 최선을 다하려는 사람은 사사로운 논쟁 따위에 시간을 허비하지 않는다. 당신이 정당한 경우라도 사소한 일에는 양보를 하라. 개와 싸움을 하다가 개에게 물리는 것보다 개에게 길을 비켜 주는 것이 현명하다. 개를 죽인다 해도 물린 상처가 아물지는 않는다."

당신은 어떠한가요? 논쟁에서 승리를 원합니까? 아니면 상대방의 호의를 택하겠습니까? 양쪽 모두 가지기는 어렵습니다. 당신이 아무리 옳다고 하더라도, 상대방의 마음은 변하지 않습니다. 물론 당신이 틀린 경우에도 마찬가지입니다.

석가모니가 "미움은 결코 미움으로 없어지는 것이 아니다. 사랑으로 대할 때 사라진다"라고 말한 것처럼, 논쟁을 통해서는 결코 오해를 풀 수 없습니다. 논쟁이 아니라 재치나 화해 그리고 상대방의 입장을 이해하고 공감하려는 마음가짐으로 이야기할 때 비로소 오해는 사라집니다.

오페라 테너 가수인 얀 피어스는 50여 년의 결혼 생활 후에 이렇게 말했습니다.

"아내와 나는 오래전에 약속을 하나 했습니다. 아무리 화가 나도 이것만은 지켜왔습니다. 한 사람이 소리 지르면 다른 사람은 무조건 잠자코 듣기로 했죠. 두 사람 다 소리 지르면 대화는 없어지고 소란과 불협화음만 생기기 때문이지요."

다음은 『피스 앤드 피시스』라는 잡지에 실린 글로, 의견 차이가 있을 때 논쟁을 피하는 몇 가지 방법입니다.

- 서로의 의견이 다르다는 사실을 기꺼이 받아들여라

"두 사람의 의견이 항상 일치한다면 두 사람 중 한 사람은 불필요한 인물이다"라는 문구를 기억하라.

- 맨 처음에 본능적으로 떠오르는 느낌을 믿지 마라

의견 차이가 있을 때 우리 마음에 최초로 생기는 반응은 부정적인 것으로부터 자신을 보호하려는 태도이다. 상대방에게 이러한 부정적인 반응이 그대로 전달되면 최악의 사태가 벌어질지도 모른다.

• 자신의 감정을 조절하라

왜 화를 내는지를 살펴보면 그 사람의 실체를 파악할 수 있다.

• 먼저 상대방의 말을 경청하고 상대방에게 말할 기회를 줘라

상대방의 말을 끝까지 들은 뒤 당신과 의견 일치를 이루는 부분이 어떤 것인지 생각해 보라.

• 솔직하라

당신의 실수를 인정하고 실수에 대해서 사과하자. 그러면 상대방은 마음을 누그러뜨리고 논쟁하려는 태도를 바꾸게 될 것이다.

• 상대방의 생각을 심사숙고하여 신중히 연구 검토하겠다는 약속을 하라

실제로 그렇게 해야 한다. 왜냐하면 상대방이 옳을지도 모르기 때문에.

• 상대방의 관심에 대해 진심으로 감사하라

당신과 논쟁을 벌일 정도라면 당신에게 관심이 있기 때문이다. 이런 사람은 적이 아닌 친구가 될 수 있다.

• 행동을 뒤로 미뤄라

문제를 보다 냉철하게 바라보기 위해서는 시간을 가질 필요가 있다. 몇 시간 뒤 혹은 그 다음날 다시 만나자는 제안을 해보아라.

원칙 10 〉〉〉〉 Summary

중요한 것은 논쟁에서의 승리가 아니다
누구도 논쟁에서 결코 승리할 수 없습니다.
논쟁에서 진다면 진 상태로 끝나는 것이고, 이긴다고 해도 그것은 결국 지는 것입니다. 논쟁은 상대방에게 열등감을 주고, 자존심에 상처를 주기 때문이지요.
논리적인 사람은 거의 없습니다. 대부분의 사람들은 편견을 갖고 있거나 생각이 한 쪽으로 치우쳐 있어 선입관, 질투, 의심 등으로 인해 판단이 흐려지기 때문에 자신이 갖고 있는 생각을 쉽게 바꾸려 하지 않습니다.
당신은 어느 편을 택하는 것이 좋다고 생각하십니까?
1. 논리적이고 학구적인 논쟁으로 결국 억지 승리를 얻는 것
2. 상대방의 의견 중 좋은 점을 받아들이는 것
논쟁에서 이겨도 감정을 얻어내지 못하면 승리자가 될 수 없습니다.
다음의 말을 명심하세요
"자기 의사와는 반대로 설득당한 사람은 그래도 자기 의견을 굳게 지킨다."

행동으로 옮겨 보세요 〉〉〉〉 Move Into Action

10은 모든것이 열린다는 것을 의미합니다.
원칙 10~21은 WIN-WIN하는 원칙으로, 이제부터는 신뢰와 존경으로 자발적인 협력을 얻어내는 설득력있는 리더십을 배우게 됩니다.
매듭을 풀어 모든 것을 열리게 하는 10일째는 논쟁을 피하세요.
논쟁이 시작될 것 같은 상황에 직면하면, 가능한 그 상황을 피할 수 있는 방법을 찾으세요.
그 방법 중 한 가지는 자신의 자연스런 반응을 지켜보는 것입니다.
즉 수비 자세를 취하는 것이지요.
조용히 기다리세요. 그리고 상대방이 하는 말을 경청하세요.
그런다음에 쓸데없는 **"논쟁을 피하세요"**

원칙 11. 상대방의 견해를 존중하라. 결코 '당신이 틀렸다'고 말하지 마라

Show respect for the other person's opinions. Never say, "You're wrong"

> 자신의 지성, 판단력, 자존심 등에 상처를 입었다고 생각하면
> 상대는 오로지 반격의 기회만 엿보게 된다.
> 당신이 무엇인가를 증명하고 싶은 것이 있다면,
> 상대방이 눈치 채지 못하도록 교묘하게 그리고 재치 있게 하라.
> ― *2분 명상*

시어도어 루스벨트는 대통령 재임 시절에 자신이 내린 판단의 75%만 옳으면 자신은 더 바랄 것이 없다는 말을 했습니다. 20세기의 위대한 인물이 이런 말을 할 정도라면 당신과 나는 어느 정도일까요?

만일 자신이 생각하는 바가 55%까지 옳다고 자신하는 사람이 있다면 그는 아마도 월 스트리트에서 하루 100만 달러를 벌 수 있을 것입니다. 하지만 그런 사람을 찾아보기는 정말 어렵습니다.

이처럼 본인 스스로도 자신의 생각이 100% 옳다고 자신하기 힘든데 과연 다른 사람에게 틀렸다고 자신 있게 말할 수 있을까요? 그리고 틀렸다고 말한다고 해서 다른 사람들이 동의할까요?

결코 그렇지 않을 것입니다. 상대방은 자신의 지성, 판단력, 자존심 등에 상처를 입었다는 생각에, 오로지 반격의 기회만 엿볼 것입니다. 자신의 생각을 바꾸려는 마음 따위는 조금도 생기지 않는 것이지요. 아무리 칸트나 플라톤의 논리를 내세워 설득한다 해도 상대방의 의견은 변하지 않습니다.

"내가 당신에게 이것을 증명해 보이겠소"라는 말로 시작해서는 안 됩니다. 이 말은 마치 "나는 당신보다 똑똑하니 내 말을 들어보고 당신의 마음을 바꾸시오"라고 말하는 것과 같습니다.

그것은 일종의 도전입니다. 상대방으로 하여금 당신이 말도 꺼내기 전에 당신과 싸우고 싶도록 만드는 것입니다. 부드러운 분위기 속에서도 상대방의 마음을 바꾸는 것은 어려운 일입니다. 상황을 더 어렵게 만들 필요는 없겠지요. 그것은 스스로 손발을 묶어 놓은 것과 다름없습니다.

당신이 무엇인가를 증명하고 싶은 것이 있다면, 상대방이 눈치 채지 못하도록 교묘하게 그리고 재치 있게 하십시오. 이것이 바로 비결입니다.

알렉산더 포프는 이것을 다음과 같이 명쾌하게 표현했습니다. "사람을 가르칠 때는 가르치지 않는 것처럼 가르치고, 상대방이 모르는 것은 마치 잊어 버렸던 것이 생각난 듯이 제안하라."

약 300여 년 전에 갈릴레오는 이렇게 말했습니다.

"당신은 남을 가르칠 수 없다. 단지 그가 스스로 발견하도록 도와 줄 수 있을 뿐이다."

체스터 필드 경은 아들에게 말했습니다.

"가능한 한 다른 사람보다 현명해지도록 하라. 그러나 그것을 다른 사람에게 말해서는 안 된다."

소크라테스는 아테네에서 제자들에게 이렇게 강조했습니다.

"내가 아는 것은 오직 한 가지, 나는 아무것도 모른다는 사실이다."

만약 어떤 사람이 당신에게 틀렸다고 말한다면 "글쎄요, 내가 틀릴 수도 있겠죠. 나는 종종 그러니까요. 이 문제를 다시 한 번 검토해 봅시다"라고 말해 보세요. 이 말 속에는 마력이 있습니다. 이 세상의 어느 누구도 이렇게 말하는 사람에게 반대하고 나서지는 않을 것입니다.

완벽하게 논리적인 사람은 없습니다. 대부분의 사람은 편견을 갖고 있거나 생각이 한쪽으로 치우쳐 있게 마련입니다. 질투, 선입관, 부러움, 의심, 두려움과 자만심 등으로 인해, 사람의 판단은 대부분 흐려져 있습니다. 뿐만 아니라 대부분의 사람들은 자신의 종교, 머리.모양, 이념, 좋아하는 영화배우 등등에 대해 기존에 가지고 있던 생각을 바꾸고 싶어 하지 않습니다.

만약 당신이 그들의 생각이 틀린 것이라고 말하고 싶다면, 매일 아침 식사를 하기 전에 다음 글을 읽어 보기 바랍니다. 심리학자인 제임스 하빈 로빈슨 교수의 명저 『정신의 발달 과정』의 한 구절입니다.

우리는 아무런 저항이나 별다른 감정 없이 우리의 생각을 자주 바꾼다. 그러나 남이 우리의 생각이 틀렸다는 것을 지적하면 화를 낸다. 우리들은 여러 가지 동기에서 신념을 갖게 된다. 만일 누군가 그 신념을 바꾸려고 하면 무턱대고 거부를 한다. 우리의 생각 그 자체가 소중한 것이 아니라 자존심이 위협받고 있다고 느끼기 때문이다.
 '나의' 라는 말은 매우 단순하지만, 우리의 삶 속에서 가장 중요한 말이다. '나의' 저녁 식사, '나의' 집, '나의' 아버지, '나의' 조국, '나의' 하나님 등에서 보듯이 '나의' 는 똑같은 힘을 가지고 있다. 우리는 '나의' 것이라면 시계든 자동차든 혹은 천문, 지리, 역사, 의학의 지식이든, 남이 그것을 헐뜯으면 화부터 낸다.
우리는 습관적으로 진실이라고 믿어 온 것을 언제까지나 믿고 싶어 한다. 그 신념을 뒤흔들려고 하면 분개하는 것이다. 그리고 무슨 구실을 대서라도 그 신념을 지키려고 한다. 결국 대부분의 논쟁은 자기가 믿고 있는 것을 옹호하기 위한 과정에 지나지 않는 경우가 많다.
 기원전 2200년 이집트의 악토이 대왕은 아들에게 다음과 같은 지혜로운 충고를 했습니다.
 "사람을 설득하려면 외교적이어야 한다."

오늘날 이 충고는 우리에게 매우 절실한 것입니다. 당신의 고객이나 배우자 혹은 적과 논쟁을 하지 마십시오. 그들의 생각이 틀렸다고 말하지 마십시오. 그들을 화나게 하지 마십시오. 이제부터는 외교적인 표현을 사용합시다.

원칙 11 〉〉〉〉 Summary

적을 만드는 확실한 방법과 이것을 피하는 방법
우리는 상대방에게 '넌 틀렸어!' 라고 직접 말하지 않더라도, 눈빛이나 제스처만으로도 충분히 상대방에게 반대 의견을 표현할 수 있습니다.
인간은 그런 것을 본능적으로 느낄 수 있기 때문이지요.
만약 당신이 상대방에게 '넌 틀렸어!' 라고 말한다고 해서, 그 사람이 당신의 의견에 동의하는 것은 아닙니다.
이 말은 상대방의 자부심, 지성, 판단력, 자존심 등에 바로 타격을 주게 됩니다.
그것은 상대방으로 하여금 바로 보복해 주고 싶은 마음이 솟아나게 하지요.
여러분 또한 상대방이 나의 입장을 이해하지 못하고 '당신이 틀렸다' 고 했을때 기분이 어떠했나요?
이제부터 자녀와 직원들을 이해하는 포용력을 지녀 보세요.
"상대방을 이해하는 것은 꽃이 태양을 필요로 하는 것과 같은 것입니다."

행동으로 옮겨 보세요 〉〉〉〉 Move Into Action

사업이 일어나고 일어나는 매월 11일은 상대방의 의견을 존중하도록 하세요. 만약 어떤 사람이 의견 발표를 했는데, 당신이 생각하기에 그 사람이 확실히 틀렸다면, 다음과 같이 이야기해 보세요.
"선생님의 의견을 다른 방법으로 생각해 보면 어떨까요? 물론 제가 틀렸을지도 모릅니다. 저는 종종 그렇지요. 제가 말씀드리는 내용을 함께 검토해 보시겠습니까?"
"상대방의 견해를 존중해 주라."

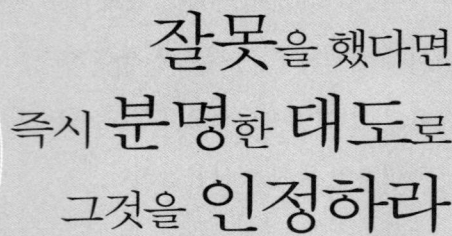

원칙 12 잘못을 했다면 즉시 분명한 태도로 그것을 인정하라

If you are wrong, admit it quickly and emphatically

> 자신의 실수를 인정할 수 있는 용기는 스스로에게 어느 정도의 만족감을 느끼게 해준다. 그것은 방어적인 마음을 사라지게 할 뿐만 아니라 실수로 인한 문제 해결에도 도움이 된다.
>
> *― 2분 명상*

뉴욕의 우리 집 바로 옆에는 숲이 울창한 포레스트 공원이 있습니다. 봄이 되면 그곳은 딸기나무에 하얀 꽃이 만발하고 다람쥐가 보금자리를 만들어 새끼를 기르고 우거진 잡초들은 말의 키만큼 무성해 집니다. 이 숲의 모습은 콜럼버스가 미 대륙을 발견한 당시와 별로 다를 바가 없는 듯했습니다.

나(데일 카네기)는 보스톤산 불독인 '렉스'를 데리고 자주 이 공원을 산책했습니다. 렉스는 사람을 잘 따르고 사람이나 동물을 문 적이 없었습니다. 게다가 공원에서 사람과 마주치는 일이 거의 없었기 때문에 렉스에게 개줄이나 입마개를 채우지 않고 다녔습니다.

하루는 공원에서 순찰하는 위압적인 태도의 기마경찰과 마주쳤습니다.

"공원에서 개줄이나 입마개를 하지 않고 개를 데리고 다니면 어떻게 하자는 겁니까? 그것이 위법 행위라는 것을 모릅니까?"

"네, 잘 알고 있습니다. 하지만 이 개는 사람에게 해를 끼치지 않을 거라 생각했습니다." 나는 공손하게 대답했다.

"해를 끼치지 않을 거라고요? 법은 당신이 생각하는 것과는 달라요. 저 개가 다람쥐나 어린아이를 물지도 모릅니다. 이번에는 그냥 넘어가지만 다음에 또 이런 일이 있으면 즉결 재판을 받아야 할 겁니다."

그 후 며칠간은 약속을 지켰는데, 렉스가 입마개를 싫어했고 나 역시 억지로 씌우고 싶지 않아서 그대로 데리고 다녔습니다. 한동안 아무 일도 없었습니다. 어느 날 렉스와 내가 언덕을 넘어서는데 갑자기 맞은편에서 나타난 밤색 깃털의 말을 탄 기마경찰과 마주치게 되었습니다. 내가 말릴 틈도 없이 렉스는 곧장 경찰관 쪽으로 뛰어갔습니다. 경찰관이 먼저 말을 하기 전에 나는 얼른 선수를 쳤습니다.

"죄송합니다. 제 잘못입니다. 알리바이도 변명할 것도 없습니다. 지난주에 이미 경고하신 일이므로 당연히 처벌을 받겠습니다."

"저런 조그만 개라면 아무도 없을 때 밖으로 데리고 나와 달리게 하고 싶은 유혹도 생길 것 같군요." 경찰은 부드럽게 대답했습니다.

"아닙니다. 유혹을 받은 것도 사실이지만, 법을 위반한 것도 사실이지요."

"하지만 이렇게 작은 개가 누구에게 해를 끼치겠습니까?"

"아닙니다. 다람쥐를 죽일 수도 있습니다."

"그것은 지나친 생각입니다. 이렇게 하면 어떻겠습니까? 개를 데리고 저 언덕을 넘어 제가 볼 수 없는 곳으로 가십시오. 제가 못 본 것으로 하지요."

경찰도 인간이기 때문에 자기 존재의 중요성을 인정받고 싶었던 것이었습니다. 내가 스스로 잘못을 인정했을 때 그의 자부심을 만족시키는 유일한 방법은, 나를 용서함으로써 자신의 넓고 큰 도량을 보여 주는 것이었습니다.

만일 내가 변명을 하려고 했다면 어떻게 되었을까 상상해 보십시오. 경찰관과 논쟁을 한다면 어떻게 되었을까요?

자신의 잘못을 알았다면 상대방이 비난하기 전에 먼저 스스로 분명한 태도로 그것을 인정하세요. 그러면 상대방은 할 말이 없어집니다. 상대방의 비난보다는 스스로의 비난이 훨씬 마음이 편합니다. 십중팔구 상대방은 관대해지고 이쪽의 잘못을 용서하는 태도로 나올 것입니다. 나와 렉스를 용서한 경찰관처럼.

자신의 실수를 인정할 수 있는 용기는 스스로에게 어느 정도의 만족감을 줍니다. 그것은 방어적인 마음을 사라지게 할 뿐만 아니라 실수로 인한 문제 해결에도 도움이 되는 경우가 많습니다.

남북전쟁 당시 총사령관 로버트 리 장군은 게티스버그 전투에서 부하인 조지 피케트 장군이 저지른 전투 실패를 자신에게 돌렸습니다. 피케트 장군의 진격 작전은 전쟁사에서 그 유례를 찾아볼 수 없을 만큼 가장 빛나고도 멋진 공격이었습니다. 피케트 장군은 용맹스런 군인으로 그의 붉은 갈색 머리는 어깨에 닿을 듯했고, 이탈리아 전선의 나폴레옹처럼 전쟁터에서도 아내에게 열렬한 연애편지를 썼습니다.

비운의 7월 어느 날 오후, 피케트 장군은 모자를 비스듬히 쓴 후 말에 올라타 북군을 향해 진격을 시작했습니다. 그를 신뢰하는 부하들은 환호성을 지르며 뒤를 따랐습니다. 군기는 펄럭이고 총검은 태양 아래서 빛을 발하고 있었습니다. 이를 바라보는 적군의 진영에서조차 감탄사가 터져 나왔습니다. 피케트 장군의 부대는 파죽지세로 나아갔습니다. 여기저기서 북군의 대포가 그들의 대열을 향해 무차별 포격을 가했으나 그들의 진격을 막을 수는 없었습니다.

하지만 세메터리 리지에 도착했을 때, 갑자기 돌담 뒤에서 잠복해 있던 북군의 보병부대가 나타나 피케트 부대를 향해 일제히 사격을 가했습니다. 순식간에 산등성이는 피로 물들고 아수라장으로 변했습니다. 피케트 부대의 지휘관 중 단 한 사람만이 살아남았고, 5,000명에 이르던 부대원들 중 4,000명 가량이 전사했습니다. 유일하게 살아남은 어미스테드 장군은 살아남은 병사를 이끌고 최후의 돌격을 감행했습니다. 그리고 격렬한 대접전을 벌인 끝에 남군은 언덕 위에 그들의 군기를 꽂았습니다.

그러나 군기가 휘날린 것은 잠시. 피케트 장군의 돌격 작전은 빛나고 영웅적인 것이었지만, 남군의 패배를 알리는 시작에 불과했습니다. 남군이 이길 가망성은 끝내 사라지고 말았습니다.

너무나 슬프고 충격을 받은 리 장군은 남부동맹 의장인 제퍼슨 데이비스에게 사의를 표명하고, 자기보다 젊고 유능한 인물을 임명하도록 건의했습니다. 만약 리 장군이 피케트 장군의 돌격 작전 실패의 책임을 다른 사람에게 전가하려고 했다면, 얼마든지 빠져나갈 여지는 있었습니다.

사실 그의 실패는 몇몇 부대 지휘관들의 탓이었습니다. 휘하 사령관 중에서 그의 명령을 어긴 사람도 있었고, 보병 지원을 위한 기병대가 적시에 도착하지 않았기 때문에 그 진격은 실패로 끝났던 것입니다. 그러나 리 장군은 남을 책망하지 않았습니다. 피케트 장군의 병사들이 남부동맹으로 귀대할 때 몸소 나가 자기반성을 하면서 패잔병들을 맞았습니다.

"이번 일은 모두가 나의 잘못이며, 이 전투에 패한 책임은 내가 지겠다."

자신의 잘못을 이처럼 용기 있게 말할 수 있는 인격을 갖춘 장군이 역사상 몇 명이나 될까요?

엘버트 후버드는 미국 전역을 열광하게 만든 독창적인 작가 중 한 사람이었습니다. 그의 신랄한 문체는 때로는 격렬한 비난을 받기도 하였지만 그는 사람을 잘 다룰 줄 알았기에 가끔 적을 친구로 만들기도 했습니다.

가령 독자로부터 어떤 글이 마음에 들지 않는다면서 심한 항의가 들어오면 그는 다음과 같은 답장을 보냈습니다.

> 실은 나 자신도 그 문제에 대해 큰 의문을 느끼고 있습니다. 어제 쓴 글이라 해도 오늘 다시 읽어 보면 마음에 다 들지는 않습니다. 이 분야에 대한 귀하의 의견을 알게 되어 저는 매우 기쁩니다. 다음에 이곳으로 오실 일이 있으면 저를 방문해 주십시오. 이 점에 대해 귀하의 의견을 들으면서 함께 검토해 봤으면 합니다. 서로 멀리 떨어져 있지만 저의 악수를 보냅니다.
>
> 엘버트 후버드 드림

당신을 이렇게 대해 주는 사람에게 무슨 말을 할 수 있겠습니까? 당신의 생각이 옳을 때는 부드럽고 재치 있는 방법으로 상대방을 설득해 보십시오. 또 당신의 생각이 잘못된 경우에는 ― 잘 생각해 보면 자기가 틀렸을 경우도 매우 많다 ― 즉시 분명한 태도로 잘못을 인정하십시오. 이 방법은 놀랄 만한 결과를 가져옵니다. 자신을 방어하고 변명하기보다 스스로 잘못을 시인하면, 모든 일에 생각보다 큰 효과가 나타납니다.

"지는 것이 이기는 것이다"라는 속담도 있지 않던가요. 싸움을 해서 충분히 얻을 수 있는 것은 없습니다. 그러나 양보를 한다면 당신이 기대한 것 이상을 얻을 수 있습니다.

원칙 12 〉〉〉〉 Summary

당신이 잘못했으면 그것을 인정하라
당신이 잘못을 했으면 그 잘못을 인정하는 용기를 가지세요.
급하게 운전하시다가 속도위반이 되었다면 경찰관에게 솔직히 자신의 잘못을 인정해 보세요.
이것은 잘못이나 실수를 명확하게 해줄 뿐 아니라, 그에 따른 문제를 해결하는 데도 도움이 됩니다.
어리석은 사람은 자신의 실수를 변명하고, 방어 자세를 취하곤 합니다. 사실 대부분의 사람들이 그렇게 하지요.
하지만 자신의 잘못을 인정하는 용기를 가진 사람은 보통의 사람들이 느낄 수 없는 환희를 경험할 수 있습니다.
"이 세상에서 가장 어려운 것 중의 하나는 자신의 잘못을 인정하는 것입니다."

행동으로 옮겨 보세요 〉〉〉〉 Move Into Action

1년 12개월 12는 자연의 이치로 완성을 의미합니다.
매월 12일에는 여러분이 잘못을 했다면, 곧바로 그리고 단호히 그 잘못을 인정하세요.
100명 중 1명만이 자신의 잘못을 인정하는 용기를 발휘합니다.
여러분은 100명 중의 1명이 될 수 있습니다.
인품 있는 위대한 사람이 되기를 두려워하지 마세요.
"잘못을 했다면 즉시 분명한 태도로 그것을 인정하라."

우호적인 태도로 말을 시작하라

Begin in a friendly way

> 사람들을 강제로 밀어붙여서는 결코 자기 의견에 동의하게 만들 수 없다.
> 그러나 부드럽고 친절한 태도로 대화를 나눈다면 상대방의 마음도 바꿀 수 있다.
> — *2분 명상*

어떤 문제로 화가 났을 때, 상대방에게 하고 싶은 말을 퍼붓고 나면 가슴이 후련해지는 경험을 해본 적이 있을 것입니다. 그러나 상대방은 어떨까요? 그 사람도 당신처럼 가슴이 후련할까요? 호되게 당하고 나서도 흔쾌히 당신이 원하는 대로 움직여 줄까요?

우드로 윌슨 대통령은 이렇게 말했습니다.

"만일 상대방이 주먹을 불끈 쥐고 나에게 대든다면 나도 지지 않고 두 주먹을 움켜 쥘 것이다. 그러나 상대방이 나에게 다가와 '서로 잘 의논해 봅시다. 만일 우리가 서로 다른 견해를 가지고 있다면 무슨 이유 때문에 그런지, 서로 무엇이 다른지 알아봅시다' 라고 솔직함과 선의를 가지고 부드럽게 대한다면, 결국 의견의 차이는 생각보다 쉽게 해결될 것이다."

윌슨이 한 말의 참뜻을 누구보다도 잘 이해하고 있는 사람은 존 록펠러 2세입니다.

1915년 당시 록펠러는 콜로라도 주 시민들로부터 엄청난 미움을 받고 있었습니다. 미국 산업사상 유례없는 파업 사태가 2년 동안 콜로라도를 휩쓸었습니다. 임금 인상을 요구하던 록펠러 회사의 종업원들은 극도로 신경이 날카로워져 있었습니다. 회사의 기물이 파괴되고 군대까지 동원되었습니다. 유혈 사태가 발생하여 파업을 하던 광부들이 총에 맞아 쓰러졌습니다.

이렇게 대립이 격화되고 있을 때, 록펠러는 어떻게든 상대방을 설득하려고 했습니다. 그리고 결국 성공했습니다. 과연 어떠한 방법으로 성공했을까요?

록펠러는 수 주일에 걸쳐 사람들과 화해를 한 다음 노조 측의 대표자들을 모아놓고 연설을 했습니다.

이 연설은 록펠러를 삼킬 듯한 증오의 파도를 가라앉혔을 뿐만 아니라 록펠러의 추종 세력까지 만들어 냈습니다. 그는 매우 우호적인 방법으로 사실을 있는 그대로 말했기 때문에, 그토록 적대적이었던 노동자들이 파업을 철회하고 임금 인상 문제에 대해 한마디도 언급하지 않은 채 각자의 일터로 돌아갔습니다.

그 놀라운 연설의 서두는 다음과 같이 시작됩니다. 바로 며칠 전만 해도 자기를 사과나무에 목매달고 싶어 했던 사람들을 향한 연설이었음을 염두에 두고 읽어 보도록 합시다. 그는 자선 단체에서 연설하는 것보다 더 다정하고 부드럽게 말했습니다.

록펠러의 연설은 '나는 이 자리에 서게 된 것이 자랑스럽다' 거나 '여러분의 가정을 방문하여 많은 가족을 만나 보았고', '우리는 낯선 사람이 아니라 친구로서 만나고 있는 것이며', '상호우호의 정신과 공동의 이익', '내가 이 자리에 나오게 된 것은 다 여러분의 덕택' 이라는 등의 빛나는 구절로 가득 차 있었습니다.

오늘은 내 생애에 있어서 특별한 날입니다. 오늘 처음으로 이 훌륭한 회사의 임직원과 근로자 대표 여러분을 만나게 된 것은 대단한 행운이라고 생각합니다. 진심으로 이 자리에 서게 된 것을 영광으로 생각하며, 오늘의 만남을 영원히 기억할 것입니다.

만일 이러한 자리가 2주일 전에 있었다면, 저는 여러분들의 얼굴을 거의 알아보지 못하는 낯선 사람으로 이 자리에 섰을 것입니다. 저는 지난 2주 동안에 남부의 광산을 방문하여 거의 모든 노동자 대표 분들과 대화를 나누었습니다. 그리고 여러 가정을 방문하여 여러분의 가족들을 만나볼 수 있는 기회가 있었습니다.

오늘 우리는 이 자리에 타인이 아닌 친구로서 만나게 된 것입니다. 상호 공동 이익에 대해 협의하기 위해서 우리는 우호적인 정신으로 만났습니다. 회사의 직원도 노동자의 대표도 아닌 제가 오늘 이 자리에 서게 된 것은 오직 여러분의 덕분이라고 생각합니다. 저는 간부 사원도 노동자 대표도 아니지만 제가 주주와 이사회의 대표라는 의미에서 여러분 모두와 친밀한 관계를 맺고 있다고 생각합니다.

이것이야말로 적을 친구로 만드는 훌륭한 연설이 아닐까요? 록펠러가 다른 방법을 구사했다고 가정해 봅시다. 논쟁을 통해서 노동운동의 부당성을 지적하고, 그들의 잘못을 통계와 논리 등 이론적으로 증명하려고 했다면 어떻게 되었을까요? 분명 더 큰 분노와 폭동이 일어났을 것입니다.

상대방의 마음이 당신에 대한 반항과 증오로 가득 차 있을 때는 아무리 올바른 논리를 앞세워도 그의 마음을 당신이 생각하는 대로 설득시킬 수 없습니다.

아이들을 꾸짖는 부모, 윽박지르는 직장 상사와 남편, 그리고 잔소리를 많이 하는 아내들은, 사람들은 누구나 자신의 생각을 바꾸려 하지 않는다는 사실을 알아야 합니다.

사람들을 강제로 밀어붙여서는 결코 자기 의견에 동의하게 만들 수 없습니다. 그러나 부드럽고 친절한 태도로 대화를 나눈다면 상대방의 마음도 바꿀 수 있습니다.

링컨은 백여 년 전에 "한 통의 쓸개즙보다는 한 방울의 꿀이 더 많은 파리를 잡을 수 있다"는 말을 했습니다. 이 말은 만고의 진리입니다. 인간관계에도 이와 마찬가지입니다.

만일 누군가를 자기편으로 만들고 싶다면, 먼저 당신이 상대방의 진정한 친구임을 확인시켜 주어야 합니다. 이것이야말로 사람의 마음을 사로잡는 한 방울의 꿀이며 상대방의 이성에 호소하는 최선의 방법입니다.

엔지니어인 스트러브는 집주인이 집세를 깎아 주었으면 하는 생각을 하고 있었습니다. 그러나 집주인이 워낙 완고하기로 소문난 사람이라 고심하고 있었습니다. 다음은 스트러브가 카네기 코스에서 발표한 내용입니다.

"저는 주인에게 임대차 계약이 끝나는 대로 즉시 방을 비우겠다는 편지를 보냈습니다. 사실은 집세를 조금이라도 내려준다면 더 오래 살고 싶었습니다. 하지만 상황은 아주 비관적이었습니다. 다른 사람들도 집세를 낮춰 보려고 애를 썼으나 모두 거절당했으며, 다들 집주인이 말할 수 없이 까다로운 사람이라고 말하더군요. 저는 마음속으로 '카네기 코스에서 배운 인간관계 원칙을 한 번 사용해 보는 거야' 하는 생각을 했습니다.

집주인은 제 편지를 받자마자 그의 비서와 함께 저를 만나러 왔습니다. 저는 현관문에서 그를 다정히 반기며 좋은 인상을 심어주려고 애썼습니다. 집세가 비싸다는 말은 하지 않았습니다. 저는 이 아파트가 얼마나 좋은지를 진심으로 칭찬했습니다.

그리고 집주인이 건물을 관리하는 방법에 대해 찬사를 하면서, 일 년 정도 더 살고 싶지만 그럴 형편이 못된다고 말했습니다.

집주인은 세입자에게 이런 호의적인 말을 들은 적이 없었던지 아주 기분 좋은 표정이었습니다. 그리곤 불만투성이인 입주자들 중 어떤 사람은 열네 번이나 모욕적인 편지를 보냈고, 어떤 사람은 위층에 사는 코고는 남자를 내보내지 않으면 임대차 계약을 파기하겠다고 엄포를 놓더라며 자신의 어려움을 저한테 털어놓았습니다.

집주인은 당신처럼 만족해 하는 입주자를 보니 더할 나위 없이 흐뭇하다면서, 제가 요청하지도 않았는데 집세를 내려주겠다고 말했습니다. 제가 감당할 수 있는 금액을 이야기하자 집주인은 두말 않고 이를 받아들였습니다. 게다가 놀랍게도 방을 나가면서 '실내 장식을 바꿔 드리고 싶은데 필요한 부분이 있다면 말씀해 주세요' 라고 묻는 것이었습니다. 만일 제가 다른 입주자들과 마찬가지 방법을 썼다면 저 역시 그들과 마찬가지로 실패했을 겁니다. 저는 우호적이고 겸손하며 감사하는 마음을 보여줌으로써 성공했습니다."

어린시절, 해와 바람이 서로 힘자랑을 하는 동화를 읽은 적이 있습니다.

해와 바람은 누가 더 힘이 센지 서로 말다툼을 벌였는데 바람이 해에게 말했습니다.

"내가 너보다 더 힘이 강하다는 것을 보여 주지. 저 밑에 코트를 입고 가는 나그네가 보이지? 내가 너보다 빨리 저 나그네의 옷을 벗길 수 있어."

해는 잠시 동안 구름 뒤에 숨었습니다. 바람은 폭풍이 될 정도로 불어댔으나 바람이 세면 셀수록 나그네는 외투 자락을 움켜잡았습니다. 마침내 바람이 포기했습니다.

이번에는 해가 구름 사이로 얼굴을 내밀고 나그네에게 다정한 미소를 보냈습니다. 나그네는 이마의 땀을 닦으면서 외투를 벗었습니다. 그때 해는 "온화하고 친절함이 노여움과 강압보다 더 강하다"고 말했습니다.

이솝은 크리서스 왕궁에서 일하던 그리스 노예였는데, 기원전 600년에 불후의 명작을 썼습니다. 인간의 본성에 대한 이솝의 이야기는 지금까지도 우리에게 필요한 진리로 남아 있습니다.

해는 바람보다 빨리 당신의 옷을 벗길 수 있습니다. 친절하고 감사하는 마음과 우호적인 방법은 세상의 어떤 노여움보다도 쉽게 사람의 마음을 움직이게 합니다.

다시 한 번 강조하지만 링컨이 한 말을 명심하십시오.

"한 통의 쓸개즙보다는 한 방울의 꿀이 더 많은 파리를 잡는다."

원칙 13 〉〉〉〉 Summary

꿀 한 방울

혹시 팀 내에 문제가 있으신가요?
그래서 마음이 흥분되어 있는 상태인가요?
당신이 흥분된 상태라면 절대로 팀원들에게 다가가지 마세요.
크게 심호흡을 하면서 마음을 안정시켜보세요.
오늘 할 말이 있으면 내일 하시고, 내일 당장 호통칠 일이 있다면 하루가 지난 다음 안정된 마음 속에 우호적인 태도로 시작해 보세요.
보다 친절하고 부드러운 태도를 취하면서 말을 한다면 상대방의 마음을 보다 쉽게 변화시킬 수 있습니다.
혹시 세상에서 가장 먼 거리가 어딘지 알고 계십니까?
흥미롭게도 세상에서 가장 먼 거리는 머리에서 발까지랍니다.
카네기 원칙을 지켜가는 데 있어 가장 중요한 것은 'Learning by Doing' 입니다.
다시 말해서 '실천을 하느냐, 머리로만 알고 있느냐' 하는 것입니다.
"한 통의 쓸개즙 보다는 한 방울의 꿀이 더 많은 파리를 잡는다."

행동으로 옮겨 보세요 〉〉〉〉 Move Into Action

매월 13일은 성공의 열쇠를 쥐는 날입니다.
당신이 만약 어떤 회사의 제품을 사용하는데, 고객서비스가 엉망이었다면 어떻게 하시겠습니까?
당장 소리를 치는 대신 먼저 우호적인 대화를 통해 시작해보세요.
그리고 나서 그 회사의 다른 칭찬할 만한 점을 찾아서 이야기하세요.
그 다음 개선되었으면 하는 사항을 이야기한다면 좋은 결과를 얻을 수 있습니다.
성공의 열쇠를 쥐고 싶다면 아래의 말을 실천해 보세요.
"우호적인 태도로 말을 시작하라."

원칙 14 상대방이 당신의 말에 즉시 '네, 네'라고 대답하게 하라

Get the other person saying "yes, yes" immediately

> 말다툼을 해보았자 소용없는 일이다. 상대방의 관점에서 생각하고
> 그 사람으로 하여금 '네, 그래요'라고 말하게 하는 것이
> 논쟁을 하는 것보다 훨씬 흥미롭고도 큰 이익을 가져다준다.
> ― *2분 명상*

사람들과 이야기를 나눌 때는, 서로 다른 의견을 갖고 있는 문제에 대해 먼저 논의해서는 안 됩니다. 우선 의견이 일치하는 문제부터 시작해서, 그것을 지속적으로 강조하면서 대화를 진행시켜 나가야 합니다.

서로가 동일한 목표를 향해 나아가고 있으며, 단지 차이점이 있다면 그것은 목적이 아니라 방법의 문제라는 것을 강조하기 바람니다. 상대방으로 하여금 처음부터 '네'라고 말하게 하고, '아니오'라는 말을 가능한 한 하지 않도록 유도하세요.

오버스트리트 교수는 다음과 같이 말합니다.

"상대방이 일단 '아니오'라고 대답하면, 그것을 '네'로 바꾸는 것은 여간 어려운 일이 아니다. 설령 그것이 잘못된 판단이었다 하더라도 '아니오'라고 말한 이상 그것을 번복하는 것은 자존심이 허락하지 않기 때문이다.

그러므로 처음부터 긍정적인 방향으로 말을 시작하는 것은 무엇보다도 중요한 일이다. 노련한 연사는 시작부터 '예'라는 대답이 나오도록 이끌어 낸다.

이것이 반복되면 청중의 심리는 긍정적인 방향으로 움직이기 시작한다. 이것은 마치 당구공의 움직임과도 같은 것이다. 굴러가는 당구공의 방향을 인위적으로 바꾸려고 하면 상당한 힘이 필요하며 반대방향으로 되돌아가게 하려면 훨씬 더 큰 힘이 필요한 것과 같은 이치이다.

청중이 '아니오'라고 대답을 하게 되면 그 반대의 현상이 나타난다. 이러한 부정적인 심리의 움직임은 단순히 '아니오'라는 말뿐만 아니라, 신체적으로 반대하는 현상까지 동반한다. 신체의 각종 분비선, 신경, 근육 등 전 조직이 일제히 거부 상태로 굳어져 버린다. 대개는 미미한 정도라서 인식되지 않을 뿐이다. 이러한 현상이 심해지면 눈에 띄게 육체적 거부 현상이 일어나게 된다. 즉 신경과

근육의 전 조직이 거부의 태도를 취하는 것이다.

이와는 반대로 '네, 그래요'라고 말할 때는 이러한 위축 현상이 전혀 일어나지 않는다. 이때의 신체 기관도 수용적이며 개방적인 상태가 된다. 그러므로 처음부터 '네'라는 말을 유도해 내면 낼수록 상대방의 동의를 얻어내기 쉬워진다."

상대방으로부터 '네, 네'라는 대답을 유도하는 것은 아주 간단한 테크닉입니다. 그럼에도 불구하고 사람들은 이 테크닉을 잘 사용하지 못합니다.

대화를 시작하자마자 상대방의 의견에 반대함으로써 자기 존재의 중요성을 확인하려는 사람이 있습니다. 일종의 쾌감을 즐기기 위해서라면 몰라도, 어떤 성과를 기대한다면 다른 사람의 심리를 염두에 두어야 합니다.

뉴욕의 그리니치 세이빙즈 은행의 출납계 직원 제임스 에버슨은 이러한 '네, 네'라는 테크닉을 사용하여 하마터면 놓칠 뻔했던 고객을 확보할 수 있었습니다.

에버슨의 이야기는 다음과 같습니다.

어떤 사람이 계좌를 개설하려고 은행에 왔습니다. 계좌 개설에 필요한 양식을 주면서 적으라고 했더니 그 손님은 몇 가지 내용에 대해서는 적을 수 없다고 거부했습니다. 내가 만약 인간관계를 공부하기 이전 같았으면 저는 아마 '계좌를 개설해 드릴 수 없습니다' 라고 말했을 겁니다. 사실 이전에 그렇게 했던 것이 부끄럽습니다. 그런 태도는 은행의 규칙이나 규정을 핑계 삼아 고객에게 불쾌감을 주었을 겁니다.

하지만 그날은 인간관계 원칙에 따라 고객으로 하여금 처음부터 '네, 네' 라고 대답하게 하려고 노력했습니다. 그래서 그 고객에게 '대답하고 싶지 않은 그 사항은 구태여 적지 않으셔도 됩니다' 라고 말했습니다.

"혹시 손님께서 이 계좌를 갖고 계신 채 사망하시기라도 한다면 법정 상속인에게 이 계좌를 이체시켜 드려야 하지 않겠습니까?"

"네, 그래요."

"그 경우 저희들이 신속하고 정확하게 처리할 수 있도록 상속받을 사람의 성함을 기록해 두는 것이 어떨까요?"

"네."

은행에서 이런 정보를 요구하는 이유가 은행의 편의보다는 자신의 이익을 위한 것이라는 사실을 알게 되자 그 고객의 태도는 크게 달라졌습니다. 은행 문을 나서기 전에 자신의 신상 명세에 대해 자세히 말해 주었습니다. 그뿐 아니라, 자신의 어머니를 수혜자로 하는 신탁 계좌도 개설했습니다. 어머니의 사항까지 빠짐없이 기입했습니다. 그가 처음과는 달리 내 의도대로 따르게 된 것은 처음부터 상대방으로 하여금 '네, 네' 라고 대답하게 하는 방법 덕분이었다는 사실을 알게 되었습니다.

웨스팅 하우스의 판매책임자인 조셉 앨리슨은 다음과 같은 성과를 발표했습니다.

제가 담당하던 구역에 우리 회사 제품을 꼭 팔고 싶은 상대방이 있었습니다. 저의 선임자는 10년간이나 그 사람을 쫓아다녔지만 아무런 성과를 내지 못했습니다. 제가 선임자로부터 그 구역을 인계받은 후 3년 동안이나 그를 찾아다녔지만 저 역시 한 건도 주문을 받지 못했습니다. 그로부터 10년을 드나들고서야 겨우 몇 대의 모터를 팔 수 있었습니다.

만약 그 모터의 성능이 입증된다면 수백 대의 주문을 받을 수 있으리라고 은근히 기대하고 있었습니다. 성능이 좋은 것은 자신하고 있었죠. 3주 후 저는 자신만만하게 그를 찾아갔습니다. 그런데 수석 엔지니어가 저에게 인사를 하면서 말했습니다.

"앨리슨, 앞으로 당신 회사의 모터는 사지 않겠소."

"도대체 왜죠?"

"당신 회사의 모터는 너무 열이 심해 손을 댈 수가 없어요."

오랫동안의 경험으로 논쟁을 해봐야 아무런 소용이 없다는 것을 알고, '네, 네'라는 대답을 유도해 내기로 했습니다.

"네. 스미스 씨, 당신의 말에 동감합니다. 우리 모터가 너무 가열

된다면 그런 모터를 구입해서는 안 되죠. 전국전기제조업협회에서 정한 기준보다 열을 적게 받는 제품을 선택하는 것이 당연합니다. 그렇지 않아요?"

"네." 최초의 긍정을 얻은 것이었습니다.

"협회 규정에 의하면 모터는 실내온도보다 화씨 75도보다 높은 것까지는 인정하시죠?"

"네, 그렇습니다. 하지만 당신네 모터는 그보다 열을 더 받아요."

저는 논쟁을 하지 않고 "공장 실내 온도가 몇 도나 됩니까?" 하고 물었습니다.

"아마 화씨 75도 정도 될 겁니다."

"공장 안의 실내온도 75도에 72도를 더하면 화씨 147도가 되겠군요. 화씨 147도나 되는 뜨거운 물에 손을 넣으면 화상을 입겠지요?"

"네."

"그렇다면 협회 기준에 맞는 모터라도 손을 대면 화상을 입을지도 모릅니다."

"당신 말이 맞는 것 같소." 엔지니어는 제 말에 동의를 했습니다.

잠시 이런저런 이야기를 나눈 다음, 그는 자기 비서를 부르더니 약 3만 5,000달러의 상품을 주문했습니다.

말다툼을 해보았자 아무 소용없는 일입니다. 상대방의 관점에서 먼저 생각하고 그 사람으로 하여금 '네, 그래요'라고 말하도록 유도해야 합니다. 그것이 논쟁을 하는 것보다 훨씬 흥미롭고도 큰 이익을 가져다 줍니다.

인류 역사상 가장 위대한 철학자 중의 한 사람인 소크라테스는 상대방을 설득하는 데 있어 동서고금을 막론하고 제1인자라 불릴 만큼 설득력이 뛰어납니다.

그의 비결은 무엇이었을까요?

소크라테스는 상대방의 생각이 틀렸다고 지적하는 일 따위는 결코 하지 않았습니다. 그는 오늘날 '소크라테스 문답법'이라고 불리는 방법을 통해, 상대방에게 '네, 네'라는 대답을 유도해 내는 방법을 사용했습니다.

소크라테스는 자기에게 반대하는 사람들을 향하여 '네'라는 대답을 할 수밖에 없는 질문을 합니다. 그 다음에도 '네'라고 대답하게 하고, 계속해서 '네'라고 대답을 하게 만들면 부정적인 입장에 있는 사람은 자신도 모르게 '네'라는 대답을 하게 됩니다.

상대방의 잘못을 지적하고 싶을 때는 상대방으로부터 '네, 네'라는 대답을 얻어 낸 소크라테스의 대화법을 기억하도록 합시다.

중국인들은 지혜가 풍부한 동양의 옛 격언인 유능제강(柔能制剛: 부드러운 것이 능히 강한 것을 이긴다)을 알고 있습니다.

"부드럽게 걷는 사람이 멀리간다."

원칙 14 〉〉〉〉 Summary

소크라테스의 비결

사람들과 대화를 나눌 때 어떻게 말을 시작하고 있나요.

사람들과 대화를 나눌 때, 서로 다른 점에 대해서 대화를 시작하지 마세요. 대화의 목적은 상호존경에 근거한 공감대 형성에 있습니다.

서로 공유할 수 있는 주제, 서로 동의하는 주제에 대해서 대화를 시작하신다면 원하는 것을 얻을 수 있답니다.

지금 상황은 '당신과 나' 모두 같은 결과를 위해서 노력하고 있는 것이며, 단지 다른 점이 있다면 방법상의 문제라는 것을 강조하세요.

긍정적으로 시작하는 말과 행동은 상대방의 마음을 열게 하여 대화를 부드럽게 해 준답니다. 여기에는 부드러운 눈빛 또한 필요하겠죠.

부드러운 것은 강한 것을 이기게 됩니다.

최고의 세일즈 맨은 항상 첫 마디에 주의를 집중한답니다.

상대방으로 하여금 '네, 물론이죠. 그럼요' 라는 답변이 나올 수 있는 질문으로 대화를 시작해 보세요.

행동으로 옮겨 보세요 〉〉〉〉 Move Into Action

매월 14일에는 친구와 함께 맛있는 과일(열매)을 드시면서 씨앗을 보거든 '네네' 라는 단어를 떠올려 보세요. 그리고 상대방이 당신의 말에 '네' '네' (yes. yes)라고 대답할 수 있게 만들어 보세요.

혹시 업무상 어려운 상대방을 만나셨나요.

그렇다면 먼저 그 사람이 확실히 '네' 라고 대답할 만한 질문을 만듭니다. 계속해서 '네' 라는 답변을 받아낼 수 있다면, 당신은 몇 분 전에 그 사람이 강력하게 부인하던 문제에 대해서도 '네' 라는 대답을 얻어 낼 수 있을 것입니다.

"상대방이 당신의 말이 즉시 '네' '네' 라고 대답하게 하라."

원칙 15 상대방으로 하여금 많은 이야기를 하게 하라
Let the other person do a great deal of the talking

> 대부분의 사람들은 상대방의 이야기를 듣기보다
> 자신의 성공담이나 무용담을 말하고 싶어 한다.
> 그들은 당신에게 정보를 제공해 줄 뿐 아니라, 그들 스스로가
> 당신이 처음 원했던 결론에 도달하게 될지도 모른다.
> ― *2분 명상*

　사람들은 대부분 상대방을 설득하고자 할 때 일방적으로 자신의 말만 하려 드는 경향이 있습니다. 사실, 자기 자신의 일이나 문제점에 대해서는 다른 사람보다 본인이 가장 많이 알고 있습니다. 그러니 상대방이 이야기할 수 있도록 기회를 주세요.

　상대방과 의견이 다를 때는 상대방의 말을 끊고 말참견을 하고 싶은 유혹이 생기기도 합니다. 그러나 그렇게 하지 마세요. 그건 위험한 일입니다.

　이런 방법을 비즈니스에 응용한다면 어떻게 될까요?

한 직물 회사의 대표 R씨는 카네기 코스에서 자신의 경험담을 이야기해 주었습니다.

R씨는 미국 최대의 자동차 회사가 1년간 사용할 차량 내 시트용 직물을 주문하기 위해 회사와 협상을 벌이고 있었습니다. 세 군데의 이름 있는 직물 회사에서 직물 견본을 제출했습니다. 자동차 회사의 중역들은 그 견본을 검토한 후, 해당 회사들의 최종적인 설명을 듣고 계약 여부를 결정하겠으니 지정된 날짜에 나와 달라고 각 회사에 통지했습니다.

R씨는 심한 후두염을 무릅쓰고 그곳에 도착했습니다.

"내가 설명할 차례가 돌아와 이야기를 해야 하는데 전혀 목소리가 나오지 않더군요. 회의가 열리는 방으로 안내된 저는 직물담당 엔지니어, 구매담당 에이전트, 영업부장, 그리고 그 회사의 사장과 얼굴을 마주보고 서게 되었는데, 그 앞에서 목소리가 안 나오는 것이었습니다. 할 수 없이 종이에 '여러분, 목소리가 안 나와 말씀을 드릴 수가 없습니다' 라고 써서 보여 주었습니다.

그러자 사장이 '내가 대신 설명을 해보겠소' 하고 말하더니, 제가 가져간 견본을 보이면서 그 특징과 장점에 대해 설명하기 시작했습니다. 사장의 설명이 끝나자 우리 제품의 장점에 대해 활발한 의견이 제기되었습니다. 사장은 나를 대신해서 우리 회사 제품을 설명했기 때문에 그 토론에서 부득이 나의 편을 들게 되었습니다. 제가 한 일이라고는 미소를 짓거나 고개를 끄덕이면서 제스처를 취한 것뿐이었습니다.

이 설명회의 결과로 나는 160만 달러에 달하는 직물 계약을 체결하게 되었습니다. 지금까지 제가 성사시킨 계약 중 최대의 규모였습니다. 만약 내가 후두염에 걸려 목소리가 쉬지 않았다면 불가능했을 겁니다. 왜냐하면 저는 자동차 회사의 요구 조건에 대해 잘못 이해하고 있었기 때문입니다."

바바라 월슨 부인과 딸 로리는 별로 사이가 좋지 않았습니다. 어렸을 때는 조용하고 상냥한 성품을 지녔던 로리가, 10대가 되면서 점점 더 사람들과 비협조적이며 때로는 도전적으로 변해 갔습니다. 월슨부인은 로리에게 타이르기도 하고 위협도 하고 벌을 주기도 했으나 소용이 없었습니다.

"저는 포기하고 말았습니다. 어느 날 로리는 내 말을 듣지 않고, 자신이 해야 할 집안일도 하지 않고 친구를 만나러 갔습니다. 로리가 밤늦게 돌아 왔을 때, 저는 늘 하던 대로 소리를 지르려 했지만 그럴 기운조차 없었습니다. 물끄러미 그 애를 바라보면서, '로리야, 도대체 왜 그러니' 라고 슬프게 말했습니다.

로리는 제 기분을 알아차리고는 조용한 목소리로, '정말 그것이 궁금하세요?' 라고 묻더군요. 고개를 끄덕이자 로리는 망설이는 듯 하다가 털어놓기 시작했습니다. 그 전에는 딸애의 말에 귀를 기울여 본 적이 한 번도 없었습니다. 항상 이거 해라, 저거 해라, 로리가 자신의 생각이나 느낌, 감정을 말하려고 하면 그 애의 말을 가로막고 잔소리를 퍼부었습니다.

 그날 저는 로리가 저에게 원하는 것은 잔소리를 늘어놓는 엄마가 아니라, 성숙해 가는 과정에서 겪는 혼란스런 일에 대해 의논할 수 있고, 무슨 일이든 터놓고 말할 수 있는 친구 같은 엄마라는 것을 깨닫게 되었습니다. 그런데도 그 애의 말에 귀를 기울여야 할 때도 제 말만 늘어놓았던 것입니다. 그때부터 나는 우리 딸 로리가 하고 싶은 말을 자유롭게 하도록 해주었습니다. 우리 모녀 사이는 아주 좋아졌습니다. 로리는 다시 사람들과 잘 어울리는 아이로 돌아갔습니다."

 헨리에타는 뉴욕 시에 있는 미드타운 직업소개소에서 가장 인기 있는 카운슬러입니다. 하지만 처음부터 인기가 있었던 것은 아니었습니다. 그녀가 직업소개소에서 일을 시작한 처음 몇 달 동안은 한 사람의 친구도 없었습니다. 왜냐고요? 그녀는 자기가 소개한 새로운 고객과의 거래, 성취한 일에 대해서 늘 자랑을 늘어놓았기 때문입니다.

 헨리에타는 카네기 강좌에서 이렇게 말했습니다.

 "나는 일을 잘했고 이것을 자랑스럽게 여겼습니다. 하지만 동료들은 저와 함께 기뻐하는 대신에 비난을 하는 것 같더군요. 저는 그들에게 사랑받기를 원했고 친구가 되고 싶었습니다. 카네기 코스에서 인간관계 원칙을 배운 저는, 저에 대한 이야기를 하기보다는 동료들의 말에 더욱 귀를 기울이게 되었습니다. 그들에게도 자랑할 것이 많이 있었고, 그들은 제 자랑을 듣는 것보다는 자신들이 이룬 성과에 대해 이야기하는 것을 더 좋아했습니다. 이젠 그들과 이야기를 나눌 때, 저는 그들의 기뻤던 일을 이야기해 달라고 부탁하며 그들이 원할 때에만 저의 성취에 대해서 이야기합니다."

뉴욕의 한 신문 경제란에 비범한 능력과 경험을 갖춘 우수한 인물을 구한다는 구인 광고가 크게 실렸습니다. 찰스 T. 큐벨리스라는 젊은이가 그 광고를 보고 지원을 했는데, 며칠 후 그에게 인터뷰를 하자는 편지가 도착했습니다. 인터뷰에 앞서 큐벨리스는 월 스트리트에 가서 그 회사를 창립한 설립자에 대해 가능한 한 많은 조사를 했습니다. 드디어 인터뷰 당일, 그는 이렇게 말했습니다.

"귀사와 같이 훌륭한 역사를 가진 회사를 알게 되어 영광입니다. 사장님께서는 28년 전에 책상 한 개와 속기사 한 명으로 이 사업을 시작한 걸로 알고 있는데 사실입니까?"

성공한 사람들은 대부분 초창기에 겪었던 어려운 일에 대해 회상하는 것을 좋아합니다. 이 창업주도 예외는 아니었습니다. 그는 450달러와 독창적인 아이디어 하나만으로 시작했던 당시의 고생담을 늘어놓기 시작했습니다.

일요일 공휴일도 쉬지 않고 일하면서 모든 역경을 극복한 끝에 현재의 위치에 이르렀고, 지금은 월 스트리트의 일류 인사들이 그에게 정보와 자문을 구하러 오게 되었다는 이야기를 자세히 들려주었습니다.

그는 자신의 그러한 이력을 자랑스럽게 여겼습니다. 다른 사람에게 자신의 이야기를 들려주는 것이 무척 즐거운 듯했습니다. 이야기가 끝나자, 그는 큐벨리스의 경력을 간단히 묻더니 부사장 한 사람을 불러 이렇게 말했습니다.

"이 사람이 바로 우리가 찾는 인재라고 생각하오."

큐벨리스는 장차 자신의 고용주가 될 사람의 업적을 알기 위해 노력을 했고, 상대방과 그의 사업에 관심을 표한 것입니다. 그리고 상대방에게 말하게 함으로써 좋은 인상을 준 것입니다.

친구나 동료 사이라 할지라도 대부분의 사람들은 상대방의 이야기를 듣기보다 자신의 성공담이나 무용담을 말하고 싶어 합니다. 우리의 인생은 너무나 짧습니다. 내가 말하기보다는 상대방으로 하여금 자기의 업적을 말하도록 유도합시다.

프랑스의 철학자 라 로슈푸코는 이런 말을 했습니다.

"만일 당신이 적을 얻고자 한다면 그를 이겨라. 그러나 당신이 진정한 친구를 얻고자 한다면 그가 당신을 이기도록 해주어라."

원칙 15 〉〉〉〉 Summary

상대방의 불만을 조절시키는 안전 밸브
진정으로 상대방의 협조를 구하고 싶다면 그로 하여금 많은 이야기를 하도록 도와주세요.
사람들은 자신이 이야기하고 싶은 주제가 있으면 다른 사람의 이야기에는 주의를 기울이지 않는답니다. 먼저 상대방이 하고 싶은 이야기를 열린 마음으로 인내심을 가지고 경청하세요.
주의 깊게 경청하는 사람이 적절한 질문을 할 수 있고, 상대방으로 하여금 많은 이야기를 할 수 있게 만들 수 있답니다.
이 원칙은 비즈니스는 물론 가족과 친구들에게도 동일하게 적용됩니다.
상대방의 눈 빛을 바라보고 미소를 지으세요.
그리고 상대방이 빠르게 말하면 나도 빠르게 상대방이 느리게 말하면 나도 느리게 말하세요. 그런 다음 상대방의 말에 집중하면서 호응을 해주세요. 상대방을 기분좋게 만들 수 있습니다.
" 당신이 진정한 친구를 얻고자 한다면 그가 당신을 이기도록 해주어라."

행동으로 옮겨 보세요 〉〉〉〉 Move Into Action

당신은 자신의 성과를 주로 동료에게 이야기하는 편인가요?
그렇다면, 매월 15일에는 둥근 보름달을 바라보면서 모나지 않고 포용력 있는 자신의 이미지를 그려 보세요. 그리고 가능한 한 당신에 대한 이야기를 적게 하고 동료의 이야기를 경청해 보세요. 당신의 동료들 또한 성과를 거두었을 때, 그것을 당신에게 이야기하고 싶을 것입니다.
"상대방으로 하여금 말하게 하라."

원칙 16 상대방으로 하여금 그 아이디어가 바로 자신의 것이라고 느끼게 하라

Let the other person feel that the idea is his or hers

> 누가 옳은가 보다 무엇이 옳은가가 더 중요하다.
> 당신이 이 원칙대로 하면, 상대방은 확신과 우호성이 증진되어
> 다른 유익한 아이디어들도 기꺼이 당신과 의논하고자 할 것이다.
>
> ─────────────────── *2분 명상*

사람은 누구나 타인에 의해 강요된 의견보다 스스로 생각해 낸 의견을 더 중요하게 생각합니다. 자신의 의견을 다른 사람에게 강요하는 것은 잘못된 생각입니다. 제안을 해서 상대방이 스스로 생각하고 결론을 내리게 하는 것이 훨씬 현명한 방법입니다.

필라델피아에 사는 아돌프 셀츠는 어느 자동차 회사의 영업부장으로, 카네기 코스에 참가한 적이 있습니다. 그는 자동차 판매 부진

으로 실의에 빠진 세일즈맨들에게 의욕을 되찾게 해줘야겠다고 생각했습니다. 그는 회의를 소집하여 그들의 요구 사항을 정확히 말해 줄 것을 요청한 뒤 그것들을 칠판에 적은 후 다음과 같이 말했습니다.

"여러분이 원하는 요구 사항은 모두 들어주겠습니다. 그 대신 나의 요구를 여러분들이 어떻게 받아들여 줄 것인지 그것에 대해 말해 주기 바랍니다."

그들은 즉시 대답했습니다. 충성을 맹세하는 사람이 있는가 하면 정직, 솔선수범, 낙관주의, 팀워크 등을 약속한 이들도 있었습니다. 어떤 사람은 하루 8시간 열성적으로 근무할 것을, 어떤 세일즈맨은 하루 14시간 근무할 것을 자청했습니다. 회의는 그들에게 새로운 용기와 의욕을 주었습니다. 그 후 영업 실적이 현저하게 늘었습니다.

"그들은 나와 일종의 도덕적인 거래를 한 셈이죠. 내가 그 계약을 성실히 실천하는 한 그들도 자신들의 약속을 지키려고 노력했습니다. 그들의 요구 사항과 희망 사항을 놓고 서로 의견을 받아들여 준 것이 영업실적을 향상시킨 원동력이 되었습니다."

타인에게 강요를 당하고 있다거나 명령을 받고 있다는 느낌은 누구나 싫어합니다. 같은 일을 하더라도 자기의 생각에 따라 행동하는 것과 명령을 받아서 하는 것은 엄청난 차이가 있습니다. 사람들은 자신의 의견이나 희망, 생각에 따라 스스로 일하는 것을 좋아합니다.

유진 웨슨은 광고기획사에 밑그림을 공급하는 디자이너입니다. 그는 자신의 그림을 팔기 위해 뉴욕의 유명 디자이너를 3년 동안 매주 방문했습니다.

"디자이너는 저를 피하지 않았습니다. 하지만 한 번도 저의 밑그림을 사준 적이 없었습니다. 제가 그려간 스케치를 자세히 보고는 '웨슨, 오늘도 안 되겠는 걸' 하고 말했습니다."

150번이나 실패를 거듭한 끝에 웨슨은 새로운 방법을 시도하기로 했습니다. 결국 '인간의 행동에 영향을 미치는 방법'에 대한 카네기 강좌에 참가하여 새로운 방법을 배우게 되었습니다. 그리고 어느 정도 자신감이 생기자 미완성된 스케치를 몇 점을 들고 그의 사무실로 찾아갔습니다.

"저에게 호의를 좀 베풀어 주시겠습니까? 여기 미완성 스케치 몇 점이 있습니다. 이것을 당신의 필요에 맞게 완성하려면 어떻게 해야 하나요? 괜찮으시다면 그 방법을 가르쳐 주셨으면 합니다."

디자이너는 스케치를 말없이 바라보다가 이렇게 말했습니다.

"웨슨, 시간을 두고 생각해 볼 테니 여기 두고 가게. 그리고 며칠 후 나를 다시 찾아오게나."

사흘 후 웨슨은 그를 찾아가 그가 원하는 의견을 들은 다음 스케치를 완성했습니다. 그 결과 디자이너에게 그 밑그림들을 전부 팔 수 있었습니다. 그 이후에도 그는 수많은 스케치를 웨슨에게 주문하였습니다.

그것들은 모두 디자이너의 아이디어에 의해 그려진 것이었고 그로 하여금 자신이 디자인을 창조하였다는 느낌이 들게 만들어, 웨슨이 강매할 필요 없이 상대방이 스스로 사게 만들었던 것입니다.

다른 사람에게 그 아이디어가 자신의 것이라고 느끼게 하는 일은 비즈니스와 정치뿐만 아니라 가정생활에도 도움이 됩니다.

랄프 왈도 에머슨은 그의 에세이 『자기 신뢰』에서 다음과 같이 말했습니다.

"우리는 천재의 작품 속에서 우리가 거부했던 생각들을 보게 되는데, 그것은 어떤 위엄을 갖춘 채 우리에게 다시 돌아온다."

에드워드 M. 하우스 대령은 우드로 윌슨 대통령 재임 중 국내외 문제에 막대한 영향력을 행사한 인물입니다. 윌슨 대통령은 중대한 문제에 대해서는 각료들보다 하우스 대령에게 자문을 구하는 경우가 많았습니다. 하우스 대령은 어떤 방법으로 윌슨 대통령의 신뢰를 얻었을까요?

『세터데이 이브닝 포스트』지는 다음과 같이 하우스 대령의 말을 인용하여 그의 비결을 보여 주었습니다.

나는 아주 우연한 기회에 내 생각을 대통령에게 아주 효과적으로 전달할 수 있는 최상의 방법을 알게 되었습니다. 그것은 제 생각을 대수롭지 않게 이야기하면서, 그 아이디어가 대통령 스스로 생각해 낸 것처럼 만드는 것입니다.

어느 날 백악관으로 찾아가 어떤 문제에 관해 대통령께 건의를 드렸는데, 저의 의견에 반대하는 눈치였습니다. 그런데 며칠 후 제가 건의한 제안을 마치 자신의 아이디어인 것처럼 자랑스럽게 말씀하시는 모습을 보고 저는 깜짝 놀랐습니다.

그때 하우스 대령이 대통령의 말을 가로막으며 "그것은 대통령의 생각이 아니고 제 생각이었습니다"라고 말했을까요? 하우스 대령은 명예보다는 실리를 취했습니다. 그는 윌슨으로 하여금 그 아이디어가 자신의 것이라는 느낌이 들도록 해주었으며, 윌슨이 이 아이디어로 인해 공신력을 얻도록 해주었던 것입니다.

우리가 만나는 사람들 대부분이 윌슨과 같다는 것을 명심하세요. 그리고 당신도 하우스 대령의 테크닉을 한 번 사용해 보세요.

2,500년 전 중국의 노자는 다음과 같이 말했습니다. 이 이야기는 오늘날에도 우리가 명심해야 할 이야기입니다.

"산에서 흐르는 시냇물이 강과 바다로 흐르는 이유는 강과 바다가 시냇물 아래에 있기 때문이다. 이것이 모든 시냇물을 지배할 수 있는 방법이다. 마찬가지로 다른 사람의 위에 있기를 바라는 사람은 자신을 그 아래에 있게 하고, 다른 사람 앞에 서고자 하는 사람은 그 사람 뒤에 서야 하는 법이다. 그리하면 위에 있다 하더라도 사람들이 무게를 느끼지 못하고, 앞에 있더라도 무례하다고 생각하지 않느니라."

원칙 16 〉〉〉〉 Summary

협력을 얻어내는 방법

어떻게 하면 협력을 얻어낼 수 있을까요?
나의 생각이 중요한 것처럼 직원들의 아이디어 또한 중요답니다.
상대방이 스스로 아이디어를 생각해 낸것처럼 느끼게 해주세요.
당신이 스스로 발견한 아이디어에 대한 확신이 부족한가요?
그렇다면 그 아이디어를 상대방에게 제안하고, 그 사람이 스스로 결론을 내리도록 하는 건 어떨까요?
어느 누구도 자신이 누군가에 의해 조종당하는 것을 좋아하지 않습니다. 오히려 자신의 주도적인 의사결정에 의해 움직이는 것을 좋아하지요.
아주 자연스럽게 당신의 아이디어를 던져 주세요. 상대방이 그 아이디어를 곰곰이 생각해서 일치점을 찾아 행동하도록 말입니다.
"다른 사람의 위에 있기를 바라는 사람은 자신을 그 아래에 있게 하고, 다른 사람 앞에 서고자 하는 사람은 그 사람 뒤에 서야 한다."

행동으로 옮겨 보세요 〉〉〉〉 Move Into Action

매월 16일에는 반짝반짝 좋은 아이디어가 생각나면 즉시 메모지에 기록해 두세요. 아이디어는 순간적으로 떠오르기 때문에 메모를 습관적으로 하지 않으면 잊어 버리게 됩니다.
타인의 아이디어 또한 상대방이 스스로 그 아이디어를 낸 것처럼 느끼게 만든다면 상대방의 자발적인 협력을 얻을 수 있답니다.
다음 중 이 원칙을 따르기 위해 당신에게 필요한 사항이 무엇인지 생각해 보세요.
1. 무슨일을 시켜야 한다면 상대방에게 지시하는 것을 멈추세요.
2. 어떤일에 대한 좋은 성과를 원한다면
　　나의 생각을 중요시 하는 편입니까?
　　아니면 상대방과 아이디어를 공유하기를 원하십니까?
"상대방으로 하여금 아이디어를 스스로 생각해낸 것으로 느끼게하라."

원칙 17 상대방의 관점에서 사물을 볼 수 있도록 성실히 노력하라

Try honestly to see things from the others person's point of view

> 대화를 시작할 때 당신의 목적이나 방향을 제시하고
> 그가 듣고 싶어 하는 말을 바탕으로 당신의 말을 조절하고
> 상대방의 의견을 수용한다면, 그도 당신의 생각을 받아들일 마음을 갖게 될 것이다.
>
> ― *2분 명상*

상대방의 생각이 완전히 틀렸다 할지라도, 그 사람은 결코 자신이 잘못했다고 생각하지 않습니다. 그렇다고 해서 상대방을 비난해서는 안 됩니다. 비난은 어떤 바보라도 할 수 있습니다. 그 대신 상대방을 이해하도록 노력하세요. 오직 현명하고 끈기 있고 특별한 사람만이 그렇게 할 수 있습니다.

상대방의 생각과 행동에는 그 나름대로 이유가 있습니다. 그 이

유를 찾아낸다면 그의 행동은 물론 그의 인간성까지 이해할 수 있는 열쇠를 얻을 수 있을 것입니다. 스스로에게 '내가 만일 그의 입장이었다면 어떻게 느끼고 행동했을까?' 하고 물어 보세요. 원인에 관심을 가지면 결과에도 동정심을 갖게 됩니다. 그런 과정을 거치면 인간관계 기술을 더욱 증진시킬 수 있습니다.

『황금같이 귀한 사람을 만드는 법』이란 저서에서 저자 케네스 M. 구드는 이렇게 말했습니다.

> 잠시 동안 자기 자신에 대한 강한 관심도와 다른 사람들에 대한 낮은 관심도를 비교해 보라. 그 점에 있어서 이 세상 모든 사람들이 당신과 똑같이 느낀다고 생각해 보자. 그러면 당신도 링컨과 루스벨트처럼 인간관계에서 튼튼한 기반을 다지게 될 것이며, 모든 직업에 필요한 원칙을 파악할 수 있을 것이다. 인간관계에서의 성공은 상대방의 입장에 서서 이해하려는 마음가짐에 달려 있다는 사실을 깨닫게 될 것이다.

뉴욕 헴스테드에 거주하는 샘 더글러스는 4년 전 그곳에 이사 왔을 당시나 지금이나 정원이 별반 달라 보이지 않는데도, 아내가 잡초를 뽑고 비료를 주고 일 주일에 두 번씩 풀을 깎으면서 정원에다 너무 오랜 시간을 투자하는 것에 대해 불평을 늘어놓곤 했습니다. 그럴 때마다 아내는 몹시 기분 나빠했고 그런 날은 모든 것이 엉망이 되었습니다.

카네기 코스에 참가한 후 그는 여러 해 동안 자신이 얼마나 바보 같은 짓을 했는지 깨닫게 되었습니다. 아내가 얼마나 그 일을 좋아하며, 자신의 부지런함에 대해 남편이 칭찬해 주길 얼마나 원했을까 하는 데에 생각이 미치지 못했다는 사실을 알게 되었습니다.

어느 날 저녁 식사를 끝낸 아내가 함께 잡초를 뽑자고 제안했습니다. 그는 잠시 망설였으나 곧 생각을 바꿔 아내와 함께 잡초를 뽑았습니다. 그녀가 너무나 기뻐했기에 둘은 함께 일하면서 유쾌한 기분으로 대화를 나누며 시간을 보냈습니다. 그 후에도 종종 그는 아내를 도와 정원 손질을 했습니다. 그리고 "흙이 마치 시멘트 같은데도 잔디 손질을 멋있게 했다"며 그녀에게 찬사를 보냈습니다.

그가 아내의 입장에서 이해하려고 했기 때문에, 이후 두 사람은 보다 행복한 삶을 누리게 되었습니다.

제럴드 S. 니렌버그 박사는 그의 저서 『사람을 사귀는 비결』에서 이렇게 말했습니다.

"대화를 하면서 당신이 다른 사람의 생각이나 감정을 당신의 것인 양 중요하게 여기고 있다는 것을 보여 주면 협력을 얻을 수 있다. 대화를 시작할 때 당신의 목적이나 방향을 제시하고 그가 듣고 싶어 하는 말을 바탕으로 당신의 말을 조절하고 상대방의 의견을 수용한다면, 그도 당신의 생각을 받아들일 마음이 생기는 법이다."

오스트레일리아 뉴 사우스 웨일즈에 사는 엘리자베스 노바크 부인은 자동차 할부금이 6주나 밀려 있었습니다. 어느 금요일, 그녀의 계좌를 담당하던 직원으로부터 월요일 아침까지 122달러를 입금하지 않으면 신용불량자로 조치하겠다는 불쾌한 전화를 받았습니다. 하지만 주말에 그 돈을 융통할 수가 없었고, 월요일 아침 다시 그의 전화를 받았을 때는 최악의 상황이었습니다.

그녀는 화를 내는 대신 그 사람의 입장에서 생각해 보았습니다. 그에게 불편을 끼쳐서 미안하다고 사과한 뒤, 할부금을 늦게 낸 것이 이번이 처음이 아니므로 나야말로 성가신 고객이 분명할 것이고 말했습니다. 그러자 갑자기 그의 목소리가 바뀌더니 전혀 성가신 고객이 아니라며 그녀를 안심시켜 주는 것이었습니다. 자기의 고객들이 얼마나 무례한지, 거짓말을 잘하며, 어떤 때는 자기에게 말조차 하지 않고 이리저리 피하는 고객이 있다고 하는 등 구체적인 실례를 들어가며 말을 이어갔습니다. 그녀는 아무 말도 하지 않고 그 사람이 애로사항을 털어놓는 것을 듣기만 했습니다. 그리고 나서 그는 할부금을 지금 다 내지 않아도 된다며 새로운 조건을 제시했습니다. 그 달 말일까지 20달러만 내고 나머지는 언제라도 돈이 될 때 지불하면 된다는 것이었습니다.

하버드 경영대학원의 딘 더범 교수는 이렇게 말합니다.

"나는 면담을 하게 될 경우, 내가 무엇을 말할 것인지를 충분히 생각하지 못했거나, 상대방이 무엇이라고 대답할 것인지 확실하게 알 때까지 두 시간이든 세 시간이든 그 사람의 집 앞을 서성이면서 들어가지 않는다."

 이 책을 다 읽고 난 후에 단 한 가지 사실만 터득하면 됩니다. 그러면 이 책은 당신 생애에 있어 획기적인 전환점이 될 것입니다. 그것은 바로 '상대방의 관점에서 사물을 바라보고 생각하는 것'입니다.

> **원칙 17 〉〉〉〉 Summary**
>
> **당신에게 기적을 일으키는 방법**
> 성공적인 인간관계에 있어 마술과도 같은 방법은 무엇일까요?
> "내가 저 사람의 입장이라면, 어떻게 생각할까, 어떻게 반응할까?"
> 이처럼 지혜와 용서의 마음으로 상대방의 입장에 설 수 있는 사람은 많지 않을 것입니다.
> 상대방의 관점에서 사물을 보는 태도는 상대방으로 하여금 당신과 협력하고자 하는 마음을 불러일으킬 것입니다.
> 이 원칙을 실천하면 놀라운 일이 벌어지게 됩니다.
> 강압적인 명령 대신 상대방의 관점에서 상황을 고려해 보세요.
> 그렇게 하면 예기치 못한 결과를 나타날 것입니다.
> 인간관계에 있어 성공을 원한다면 상대방의 입장에서 생각과 느낌, 감정까지 이해하려는 노력이 필요합니다.
> "상대방의 관점에서 생각과 느낌, 감정까지 이해하라."
>
> **행동으로 옮겨 보세요 〉〉〉〉 Move Into Action**
>
> 매 월 17일에는 망원경을 하나 준비하세요. 하늘의 아름다운 별을 바라보듯 상대방을 바라보고 그들의 관점에서 사물을 보도록 하세요.
> 혹 "우리 회사 제품을 구입해 주세요", "저희 자선 단체에 기부금을 내주세요"라고 말을하고 계시나요? 상대방에게 요청하기 전, 잠시 눈을 감고 상대방의 관점에서 생각해 보세요. **"상대방의 관점에서 생각하라."**

원칙 18 상대방의 생각이나 욕구에 공감하라

Be sympathetic with the other person's ideas and desires

> 인간은 누구나 동정심을 갈망한다.
> 어린아이는 동정을 받고자 자기의 상처를 보여 주고 싶어 하며,
> 때로는 동정을 받고자 일부러 상처를 만들기도 한다.
> ― *2분 명상*

서로간의 논쟁을 멈추고 나쁜 감정을 없애 주면서 상대방에게 호감을 갖게 하여 당신의 말에 귀 기울이게 하는 마술적인 언어가 필요하다면 다음과 같은 말을 한 번 해보세요.

"당신이 그렇게 생각하는 것은 당연한 일입니다. 내가 당신이었더라도 그렇게 생각했을 것입니다."

먼저 이렇게 말을 꺼낸 뒤 이야기를 시작하면 화를 내던 사람도 금세 화를 멈추게 됩니다. 상대방의 입장이 되어서 생각한 말이므로, 이 말은 진정한 힘을 발휘하게 됩니다.

아무리 마음에 안 드는 사람일지라도, 그가 그렇게 된 데는 그럴 만한 이유가 있는 것입니다.

알 카포네라는 사람이 악명 높은 갱단 두목으로 이름을 떨쳤던 것도 어찌 보면 환경 탓이라 할 수 있습니다. 알 카포네와 똑같은 유전인자, 정신, 환경, 경험 등을 가지고 있었다면 누구나 알 카포네처럼 행동했을 것입니다. 우리가 방울뱀이 아닌 유일한 이유가 우리의 부모가 방울뱀이 아니었기 때문인 것과 마찬가지인 셈이죠.

존 가프는 주정꾼을 보면 이렇게 말했습니다.

"신의 은혜가 없으면 나 역시 저렇게 될 것이다."

이 세상에서 당신이 만날 사람들 중 4분의 3은 동정심에 굶주려 있습니다. 그들의 생각이나 욕구에 공감하면 그들은 당신을 좋아할 것입니다.

언젠가 『작은 아씨들』의 저자인 루이자 메이 올콧의 이야기를 방송한 적이 있었습니다. 나(데일 카네기)는 그녀가 메사추세츠 주 콩코드에 살았다는 것을 잘 알고 있었음에도 불구하고, 나도 모르게 그만 그녀의 집이 '뉴 햄프셔' 주 콩코드에 있다고 말해 버렸습니다. 그것도 한 번이 아니라 두 번씩이나 그렇게 말해 버린 것입니다.

곧바로 나의 실수를 지적하는 편지와 전보, 메시지 등이 수없이 날아들었습니다. 그 중에서도 메사추세츠 주 출신이며 지금은 필라델피아에 거주한다는 한 중년 부인은 매우 분개했습니다. 만일 내가 루이자 메이 올콧을 뉴기니 태생의 식인종이라고 말했더라도 그만큼 화를 내지는 못했을 것입니다.

그녀의 편지를 읽어 내려가면서, '하나님, 이런 여자와 결혼하지 않게 해주신 것에 대해 감사드립니다' 라는 말이 저절로 나왔습니다.

나는 당장 편지를 써서 비록 내가 실수를 저지르긴 했지만, 당신은 상식에 어긋나는 더 큰 무례를 범하고 있다면서 팔을 걷어붙이고 그녀에게 따지고 싶었습니다.

하지만 나는 그녀의 분노를 우정으로 바꾸기로 마음먹었습니다. 그래서 스스로에게 다음과 같이 되새겨 보았습니다.

"만약 내가 그녀였더라도 나 역시 그렇게 했을 거야."

그 후 필라델피아에 갔을 때 나는 그 부인에게 전화를 걸었습니다. 통화 내용은 다음과 같습니다.

"부인, 일전에 편지를 보내 주셔서 감사합니다."

"(교양 있고 예의 바른 목소리로) 실례지만 누구시죠?"

"부인을 직접 만난 적은 없습니다만, 저는 데일 카네기라고 합니다. 얼마전 제가 루이자 메이 올콧에 관한 방송을 하다가 큰 실수를 범했습니다. 사과드리고 싶습니다. 친절하게도 그것을 지적하는 편지를 보내 주셔서 정말로 감사했습니다.

"아닙니다, 카네기 씨. 제가 너무 심한 편지를 보내 죄송합니다. 그 땐 제가 흥분했습니다."

"아닙니다, 사과를 해야 할 사람은 부인이 아니라 바로 접니다. 초등학생도 알고 있는 실수를 했으니까요. 바로 그 다음 방송에서 사과를 했지만, 부인께는 개인적으로 다시 사과드리고 싶습니다."

"저는 사실 메사추세츠 주 콩코드에서 태어났고, 저의 집은 200년 동안 메사추세츠 지방의 명문가였기 때문에 저는 고향을 무척 자랑스럽게 여기고 있습니다. 올콧이 뉴 햄프셔 콩코드에 살았다는 방송을 듣고 경솔하게 그런 편지를 보내고 말았습니다. 정말 부끄럽게 생각합니다."

"오히려 제가 더 부끄럽습니다. 사실 저의 실수는 메사추세츠의 명예를 손상한 것만큼 제 마음을 상하게 만들었답니다. 부인과 같은 사회적 지위와 교양을 갖추신 분이 그런 편지를 해주신 것에 대해 감사드립니다. 다음에 혹시 제가 또 실수를 한다면 다시 지적해 주시기 바랍니다."

"그렇게 무례한 편지를 드렸는데도 조금도 화를 내시지 않으니, 선생님은 참으로 멋진 분이십니다. 선생님에 대해서 더 많이 알고 싶어요."

내가 먼저 사과를 하고 그 부인의 입장을 이해했기 때문에, 그녀도 내게 사과를 하고 나를 이해해 주었습니다. 내 감정을 억제함으로써 만족감을 성취한 것입니다. 그 부인에게 스쿨 킬 강으로 가서 뛰어내리라고 소리 지르는 것보다 오히려 나에게 호감을 갖게 만들어 더 큰 보람을 얻게 된 것입니다.

미주리 주 세인트루이스에서 피아노를 가르치고 있는 조이스 노리스 부인은 피아노 선생들이 10대 소녀들을 가르칠 때 흔히 겪게 되는 문제점을 어떻게 해결했는지 말해 주었습니다.

바베트의 긴 손톱이 피아노를 치는 데 방해가 된다는 것을 알았죠. 처음 피아노 레슨을 시작할 때, 그 애와 가졌던 면담에서 나는 손톱에 대해서는 아무 말도 하지 않았습니다. 피아노 레슨을 하지 않을까 봐 그랬고, 그렇게 자랑스럽게 여기고 매력적으로 보이고 싶어 정성껏 길렀던 손톱을 깎게 하고 싶지도 않았으니까요.

첫 레슨이 끝난 후, 나는 기회를 보아 바베트에게 말했습니다.

"바베트, 너는 손도 예쁘고 손톱도 아름답구나. 그리고 네가 피아노를 능력껏 원하는 만큼 치고 싶다면 손톱을 조금 깎는 것이 어떻겠니? 더 빠르고 쉽게 피아노를 칠 수 있는 자신을 보면 아마 깜짝 놀랄 거야. 한 번 생각해 보렴."

바베트의 얼굴에는 거부하는 표정이 뚜렷이 보였습니다. 그 애 엄마한테도 이렇게 말하면서 손톱이 정말 예쁘다고 말했지만, 그녀 역시 거부 반응을 보였습니다. 바베트의 아름다운 손톱이 그녀에게는 정말 중요한 것 같다는 생각이 들었습니다.

그 다음 주 바베트가 두 번째 레슨을 받으러 왔을 때 놀랍게도 그 애는 손톱을 깎고 왔습니다. 그래서 그런 굉장한 일을 한 바베트에게 칭찬을 아끼지 않았습니다. 그리고 바베트가 그 일을 하도록 영향을 준 그 애 엄마에게도 고맙다고 했죠. 바베트의 엄마가 말했습니다.

"어머, 저는 한 게 없어요. 바베트 혼자 결정한 걸요. 그 애가 다른 사람을 위해 손톱을 깎은 일은 이번이 처음이에요."

노리스 부인이 바베트에게 겁을 주면서, 손톱이 긴 학생은 가르치지 않겠다고 말했습니까? 아닙니다. 노리스 부인은 바베트의 손톱이 아주 예쁘며 그것을 자른다는 것이 쉽지 않다는 것을 인정했을 뿐입니다. 그러나 노리스 부인의 말 속에 "그래, 참으로 힘든 일이야. 쉽지는 않겠지만 손톱을 깎으면 피아노를 더 잘 칠 수 있어"라는 뜻도 포함되어 있었던 것입니다.

아더 I. 게이츠 박사는 유명한 자신의 저서 『교육 심리학』에서 이렇게 말합니다.

> 인간은 누구나 동정심을 갈망한다. 어린아이는 동정을 받고자 자기의 상처를 보여 주고 싶어 하며, 때로는 동정을 받고자 일부러 상처를 만들기도 한다. 어른도 마찬가지이다. 자신의 상처를 내보이고 사고나 질병, 특히 수술을 받았을 때의 이야기를 아주 자세히 설명하려고 한다. 불행에 대한 '자기 연민'은 실제든 가정이든 간에 모든 인간이 공통적으로 느끼는 감정이다.

원칙 18 〉〉〉〉 Summary

모든 사람이 원하는 것
사람들에게 우호적인 감정을 불러 일으키는 원칙이 있다면 관심이 있나요?
서로간의 논쟁을 멈추고 나쁜 감정을 없애 주면서 상대방에게 호감을 갖게 하여 당신의 말에 귀 기울이게 하는 미술적인 언어가 필요하다면 다음과 같은 말을 한 번 해보세요.
"당신이 그렇게 생각하는 것은 당연한 일입니다. 내가 당신이었더라도 그렇게 생각했을 것입니다."
상대방이 당신의 생각이나 욕구에 공감해줄때 기분이 좋지 않았나요?
열린 마음과 열린 태도는 상대방을 이해하고 공감하는 사람으로 만들어, 많은 분들이 당신을 신뢰하게 될 것입니다.
"인간은 누구나 동정심을 갈망한다."

행동으로 옮겨 보세요 〉〉〉〉 Move Into Action

매월 18일은 우호적인 감정을 갖게하는 미술 주문을 외워 보세요.
"당신이 그렇게 생각하는 것은 당연한 일입니다.
내가 당신이었더라도 그렇게 생각했을 것입니다."
이 날 사용할 미술 주문은 상대방의 생각이나 욕구에 공감해 주는 것입니다.
당신은 분명 사랑받게 될 것입니다.
"상대방의 생각이나 욕구에 공감하라."

원칙 19. 보다 고매한 동기에 호소하라

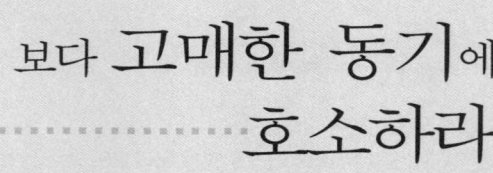

Appeal to the nobler motives

> 대부분의 사람들이 이상을 위해, 보다 숭고한 사회적 목표를 위해 열심히 일한다는 것은 경험적 사실이다.
>
> ― 2분 명상

나(데일 카네기)는 유명한 도둑 제시 제임스가 활동하던 미주리 주의 변두리에서 자랐습니다. 한번은 제시 제임스의 아들이 살고 있는 농장을 방문한 적이 있었습니다. 제임스 아들의 아내는 시아버지인 제임스가 어떻게 기차를 강탈하고 은행을 털어서 이웃 농부들에게 나누어 주어 빚을 갚도록 도와주었는지를 이야기했습니다.

제임스도 속으로는 쌍권총 크로울리, 알 카포네처럼 자신을 이상주의자로 생각했을지도 모릅니다. 모든 사람들은 자기 자신이 훌륭하며 고매하고 이타적인 인물이라고 생각합니다.

노스크리프 경(영국의 신문 경영자)은 신문에 공개하고 싶지 않은 자신의 사진이 실린 것을 발견하고는 신문 편집자에게 편지를 썼습니다.

"내가 원하지 않으니 그 사진을 신문에 게재하지 마시오"라고 썼을까요? 아닙니다. 노스크리프 경은 보다 차원 높은 동기에 호소했습니다.

"제 사진을 신문에 싣지 말아 주십시오. 저의 어머니가 몹시 싫어하십니다."

석유 재벌 존 록펠러 2세도 그의 자녀들의 사진이 신문에 실리는 것을 막기 위해 아이들을 보호하고자 하는 고매한 동기에 호소했습니다.

"자녀를 기르고 계시는 분들은 제 마음을 이해하실 겁니다. 아이들의 얼굴이 자주 지면에 오르내리는 것은 좋지 않은 것 같습니다."

어떤 자동차 회사의 고객 여섯 명이 수리비를 지불하지 않으려고 하는 일이 있었습니다. 청구액 전체가 잘못된 것이 아니라 일부 항목에 대해서 부당하다고 주장하는 것이었습니다. 그러나 회사 측에서는 고객들이 서비스 받은 항목마다 확인 서명을 했으므로 절대로 하자가 없다고 판단했습니다.

그래서 신용관리부 직원들은 다음과 같은 방법으로 미수금을 받아내려고 했습니다.

1. 각 고객에게 전화를 걸어 납부 기한이 지난 미수금을 받아야겠다고 퉁명스럽게 말했다.
2. 청구서는 잘못되지 않았으며 고객이 틀렸다는 점을 분명히 했다.
3. 자동차에 대해서는 회사 측이 고객보다 훨씬 잘 알고 있다. 그러니 논쟁의 여지가 없다고 설명했다.
4. 결과적으로 고객과 격렬한 논쟁을 하게 되었다.

신용관리부 직원이 법적인 조치를 취하려고 했을 때 지점장이 이 일을 알게 되었습니다. 지점장이 조사한 결과 문제의 고객들은 평소 대금을 정확히 납부하던 고객이었습니다. 어디엔가 잘못이 있었던 것이지요. 지점장은 그를 불러 이 문제를 해결하도록 지시했습니다. 그는 다음과 같은 방법을 사용했습니다.

1. 고객을 찾아가 대금 청구보다는 단지, 차의 상태를 조사하고자 방문한 것이라고 말했다.
2. 고객의 말을 듣기 전까지는 말씀드릴 의견이 없다는 점을 분명히 말했고, 대금에 관해서는 회사 측에서도 잘못이 있을지 모른다고 말해 주었다.
3. 내가 관심이 있는 것은 오직 고객의 차이며, 고객의 차에 대해서는 고객이 더 잘 알고 있을 것이라고 말했다.
4. 고객에게 말하도록 하고, 고객의 말에 귀를 기울이고 고객의 관

심사를 이해하고자 했다.
5. 마침내 고객의 마음이 차분히 가라앉자 고객의 고매한 동기에 호소했다.

"저희들이 부족한 탓으로 불편을 끼쳐 죄송합니다. 직원의 태도에 마음이 상하셨을 줄 압니다. 정말 죄송합니다. 앞으로 이런 일이 두 번 다시 일어나지 않도록 하겠습니다. 회사를 대표해서 깊이 사과드립니다. 선생님의 말씀을 들으면서 공정하고 관대한 인품에 깊은 감동을 받았습니다. 그래서 선생님께 부탁을 드립니다. 여기 청구서가 있습니다. 선생님이 저희 회사 사장이라고 생각하시고 청구 금액을 정정해 주시기 바랍니다."

고객들이 청구 금액을 정정했을까요? 물론 그렇게 했습니다. 여섯 명의 고객 중 단 한 사람을 제외한 나머지 다섯 명은 기분 좋게 전액을 납부해 주었습니다. 그런데 놀라운 일은 그 이후입니다. 그 후 2년 사이에 여섯 명 모두 그 회사의 새 자동차를 구입한 것입니다.
위의 이야기는 제임스 L. 토머스라는 사람이 카네기 코스에서 발표한 체험담입니다.
토머스 씨는 이렇게 말합니다.
"상대방의 신용 상태가 분명할 때는 그를 훌륭한 신사로 보고 거래하면 틀림없습니다. 인간은 정직하고자 하고 자신의 의무를 이

행하길 원합니다. 예외가 되는 사람은 소수입니다. 비록 속임수를 쓰는 사람이라도 상대방이 진심으로 믿고 대하면 여간해선 부정한 짓을 할 수 없습니다."

원칙 19 〉〉〉〉 Summary

모든 사람이 좋아하는 호소 방법
함께 일하는 사람들의 마음을 새롭게 변화시키고 싶나요?
사람들이 행동을 하는 데는 두 가지 이유가 있습니다.
첫째, 좋은 일이라는 생각이 들 때
둘째, 해야 할 필요가 있을 때 행동을 하게됩니다.
사람들을 변화시키기 위해서는
첫째 이유, 즉 보다 고매한 동기에 호소해야 합니다.
사람들은 누구나 존경받길 원하고, 좋은 사람, 이타적인 사람으로 평가받기를 원합니다.
사람들에게 인내, 공평, 정직 등과 같은 동기를 가지고 호소하세요.
"인간은 정직하고자 하는 자신의 의무를 이행하길 원한다."

행동으로 옮겨 보세요 〉〉〉〉 Move Into Action

매월 19일에는 모든 사람이 호응하는 원칙인 차원 높은 동기로 설득해 보세요.
화가 난 동료나 고객, 친구를 만나게 되었을 때 당신도 같이 흥분하지 마세요. 인격, 인내심, 공정함, 정직함과 같은 높은 수준의 동기를 가지고 이야기한다면, 모든 사람이 호응하면서 그들의 마음을 끌 수가 있습니다.
"보다 고매한 동기 즉, 아름다운 마음에 호소하라."

원칙 20) 당신의 생각을 극적으로 표현하라

Dramatize your ideas

> 독특한 아이디어는 독특하게 표현되어야 한다.
> 당신의 아이디어를 색다른, 예상 밖의 방식으로
> 표현하면 호소력이 더욱 강해질 것이다.
> ― 2분 명상

수년 전 필라델피아의 『이브닝 블리턴』지는 악의에 가득 찬 소문으로 시달림을 받고 있었습니다. 이 소문은, 기사 내용이 적어 독자가 흥미를 잃게 되었고 신문 지면 대부분이 광고로 채워져 광고 효과가 적다는 것이었습니다.

즉각적인 대책을 세워야 했습니다. 그래서 다음과 같은 방법이 취해졌습니다.

『이브닝 블리턴』지는 평상시 하루분의 기사를 모아서 그것을 분류한 뒤 한 권의 책으로 발행했습니다. 그 책의 제목은 『하루(One

Day)』였는데, 분량이 무려 307페이지에 달했습니다. 하루치 기사와 특집물을 인쇄한 단행본을 몇 달러가 아닌 몇 센트에 판매했던 것입니다.

이 책은『이브닝 블리턴』지에 읽을거리가 많다는 사실을 사람들에게 명확하게 알리는 계기가 되었습니다. 다른 어떤 설명이나 자료보다도 더 생생하고 재미있고 강력하게 사실을 전달할 수 있었던 것입니다.

오늘날은 아이디어를 극적으로 표현하는 시대입니다. 단순히 사실을 말하는 것으로는 충분하지 않습니다. 보다 생생하고 재미있게 극적인 방법으로 사실을 전달해야 합니다.

쇼맨십을 발휘할 필요가 있는 것입니다. 영화에서도 TV에서도 그렇게 하고 있습니다. 사람들의 관심을 끌고 싶다면 쇼맨십을 발휘하는 것이 어떨까요?

광고 전문가들은 극적인 표현으로 연출의 효과를 보고 있습니다. 예를 들면, 새로운 쥐약을 개발한 업체에서 대리점의 진열장에 살아있는 쥐 두 마리와 함께 쥐약을 전시하게 하였더니, 그 주 매출액이 평상시보다 5배나 신장되었다고 합니다.

어느 회사의 자동차 광고는 급한 커브 길에서 말로만 듣던 것보다 더 뛰어난 성능으로 달리는 모습을 보여 줍니다. 그리고 행복해하는 사람들의 모습도 보여 줍니다.

이런 것들은 그 상품의 장점을 최고의 효과적인 방법을 동원해 극적으로 보여 줌으로써 사람들로 하여금 그 상품을 사게 만듭니다. 비즈니스뿐만 아니라 인생에서도 당신이 갖고 있는 생각을 극대화시킬 수 있습니다.

버지니아 주 리치몬드에 있는 미국 전자계산기 제조회사의 영업 담당자인 짐 예맨스는 극적인 표현으로 실적을 올리게 된 경위에 대해 이렇게 설명했습니다.

"지난 주 한 가게에 들렀는데 계산대 위에 있는 계산기가 구식이었습니다. 가게 주인에게 다가가 '사장님은 손님이 계산대 앞에서 줄을 서서 기다릴 때마다 동전을 버리시는 셈입니다.' 이렇게 말하고는 한줌의 동전을 바닥에 던졌습니다. 가게 주인은 깜짝 놀라는 모습이었습니다. 제 말보다는 바닥에 떨어지는 동전 소리에 주인은 더 큰 관심을 갖게 된 것입니다. 저는 그 가게의 낡은 계산기들을 모두 새 것으로 교체해 달라는 주문을 받게 되었습니다."

인디애나 주 미사와카에 사는 메리 캐서린 울프는 직장 문제로 회사 사장과 의논을 해야겠다는 생각을 하게 되었습니다. 그녀는 월요일 아침에 사장을 만나려고 했지만, 비서는 '사장님의 스케줄이 꽉 짜여 있으므로 시간적인 여유가 생길 때 연락을 주겠다'는 대답을 할 뿐 사장을 만날 수가 없었습니다. 그녀는 그때의 일을 이렇게 말했습니다.

"1주일이 다 지나가도록 비서에게서 연락이 오지 않았습니다. 비서에게 물어볼 때마다 사장님이 매우 바쁘시다는 이유만 대더군요. 금요일 아침이 되어도 분명한 대답이 없었습니다. 그러나 주말이 되기 전에 사장님을 만나 면담을 해야 했으므로 새로운 방법을 연구했습니다.

결국 편지를 이용하기로 했지요. 사장님이 바쁘시다는 것은 잘 알고 있으나, 중요한 일로 상의를 드리고 싶다는 뜻을 전했습니다. 그리고 아래 내용의 빈칸을 채운 후 저에게 다시 보내 달라는 부탁도 함께 전했습니다.

캐서린 양, ○요일 ○시에 당신을 면담하겠습니다.
면담 시간은 ○분간입니다.

그 편지를 오전 11시에 사장의 우편함에 넣고, 오후 2시에 제 우편함을 열어 보았습니다. 제 앞으로 쓴 봉투가 있더군요. 사장이 직접 답장을 쓴 것으로 그날 오후에 10분 동안 면담이 가능하다는 내용이었습니다. 하지만 한 시간 넘게 이야기를 나누면서 저의 문제를 매듭짓게 되었답니다. 만일 제가 사장님을 만나고 싶어 한다는 사실을 이처럼 극적으로 표현하지 않았다면 지금까지도 마냥 기다리고 있었을 것입니다."

원칙 20 〉〉〉〉 Summary

영화와 TV에서처럼 쇼맨십을 발휘하라
현대는 드라마의 시대입니다. 사건 그 자체는 그다지 큰 힘을 발휘하지 못합니다. 사건이 흥미롭고 활력 있게 그리고 드라마틱하게 연출되는 것이 중요한 시대입니다.
리더는 마치 영화 속의 주인공처럼, 텔레비전 드라마의 연기자처럼 쇼맨십을 발휘해야 합니다.
가족들과 한 번도 가보지 않은 장소에 가보거나 먹어 보지 않은 음식, 새로운 취미도 즐겨보세요.
생활 그 자체가 이벤트가 될 수 있다면 행복은 언제나 우리 곁에 있을 것입니다.
아래의 말에 주의를 기울이세요.
"왜 당신은 영화나 TV처럼 쇼맨십을 발휘하지 않는가?"

행동으로 옮겨 보세요 〉〉〉〉 Move Into Action

매월 20일엔 이벤트를 만들어 깜짝쇼를 연출해 보세요.
오늘이 당신의 가족의 생일인가요?
그렇다면 장미꽃 한바구니에 맛있는 케익 그리고 아름다운 사연이 담겨있는 감사의 편지와 함께 전해주세요. 그것을 받는 당사자는 이세상에서 가장 행복한 표정을 짓게 될것입니다. 그 모습을 보는 당신의 얼굴을 상상해 보셨나요? 당장 실천해 보시는것이 어떨까요?
이제부터 당신의 상사, 고객, 친구들에게 아이디어를 제안할 기회가 있다면, 쇼맨십을 발휘해 보세요.
그러면 모든 문제가 해결되면서 당신에게 행운이 찾아올 것입니다.
"당신의 생각을 극적으로 표현하라."

도전의욕을 불러일으켜라

Throw down a challenge

대부분의 사람들에게는 경쟁적인 면이 있다.
도전 의욕을 불러일으키면 기대 이상의 성과를 거두게 되는 경우가 많다.
이것은 바로 최후의 히든카드이다.

― *2분 명상*

찰스 슈와브가 어느 날 공장장을 불러 좀처럼 실적이 올라가지 않는 이유를 물어 보았습니다.

"당신처럼 유능한 공장장이 높은 생산 실적을 올리지 못하는 원인은 무엇 때문인가요?"

"저도 이유를 알 수 없습니다. 어르고 달래고 해고시키겠다는 위협도 해보았지만 소용이 없었습니다. 직원들이 열심히 일을 하려고 하지 않습니다."

이 대화가 오고간 때는 주간 근무조와 야간 근무조의 교대 시간 무렵이었습니다. 슈와브는 공장장에게 분필을 달라고 했습니다.

가까이 있는 직원에게 오늘 몇 번이나 주물을 부었냐고 물었더니, 그는 여섯 번이라고 답했습니다.

슈와브는 아무 말도 하지 않은 채 바닥에 커다랗게 '6'이라고 쓰고는 나가버렸습니다. 야간 근무조가 들어와서 그것을 보더니 무슨 뜻이냐고 물었습니다.

"오늘 사장님이 여기를 다녀가셨네. 주물을 몇 번이나 부었냐고 묻기에 여섯 번 했다고 말씀드렸더니 저렇게 써 놓으시더군."

다음 날 아침 야간 근무조는 '6'을 지우고 커다란 글자로 '7'이라고 써 놓았습니다. 그 다음 날 아침 주간 근무조는 '7'이라는 글자를 보게 되었습니다. 그들은 야간 근무조에게 뭔가 보여 주고 싶다는 생각을 했습니다. 그들은 퇴근할 때 '10'이라고 써 놓았습니다. 이렇게 하여 공장의 생산성은 점점 올라갔고 얼마 안 가 다른 어떤 공장보다 높은 생산성을 기록하게 되었습니다.

이 성과에 대해 슈와브는 이렇게 말하고 있습니다.

"일에 있어서는 무엇보다 경쟁심을 자극하는 것이 중요하다. 돈벌이에 급급한 경쟁이 아니라, 남보다 뛰어나려는 욕구에 호소하는 방법이다."

시어도어 루스벨트 역시 도전심이 없었더라면 미합중국의 대통령이 되지 못했을 것입니다. 쿠바에서 막 귀국한 루스벨트는 뉴욕 주의 지사로 선출되었습니다. 그때 반대파에서 루스벨트는 법적으로 뉴욕 주 시민이 아니라는 점을 들고일어났습니다. 어쩔 수 없이 그는 사퇴를 고려하기 시작했습니다. 이때 뉴욕 주 상원의원인 토머스 콜리어 플래트가 루스벨트에게 호통을 쳤습니다.

"산후앙 전선의 영웅이 갑자기 겁쟁이가 되었단 말인가?"

루스벨트는 그 말을 듣고는 물러서지 않고 싸울 결심을 했습니다. 루스벨트를 자극한 이 한 마디는 그의 운명을 바꿔 놓았을 뿐 아니라, 미국의 역사에도 중대한 영향을 끼쳤습니다.

알 스미스가 뉴욕의 주지사로 재직하던 시절, 그는 악명 높은 싱싱 교도소 소장으로 임명할 인물을 찾지 못해 곤란을 겪은 일이 있었습니다.

싱싱 교도소는 내부의 부정부패가 심했기 때문에, 그것을 척결할 수 있는 강력한 의지를 가진 사람이 필요했습니다. 생각 끝에 그는 뉴 햄프턴에 사는 루이스 E. 로즈를 추천하였습니다.

"자네가 싱싱 교도소를 맡아보지 않겠나? 그곳에는 경험자가 필요하다네."

로즈는 당황했습니다. 싱싱 교도소는 위험한 곳으로 알려져 있었기 때문입니다. 교도소장은 변덕스러운 정치기류에 따라 임명되고 파면되는 그런 자리였습니다. 교도소장이 수없이 바뀌었는데, 그 중에는 불과 3주 만에 물러난 사람도 있었습니다. 과연 위험을 감수할 가치가 있을까요?

주지사인 스미스는 로즈가 망설이는 것을 보고는 의자 뒤로 몸을 기대면서 호탕하게 웃었습니다.

"여보게, 자네가 겁먹는다고 책망할 생각은 없네. 위험한 곳이니까. 그런 곳에는 정말 대단한 사람만이 갈 수 있지."

스미스의 이 말은 로즈에게 도전정신을 심어 주었습니다. 그는 웬만한 인물은 감당하지 못할 일을 해보고 싶어졌습니다. 그리하여 그는 당시 가장 유명한 교도소장이 되었습니다.

그가 쓴 책 『싱싱에서의 2만 년』은 베스트셀러가 되어 수십만 부가 팔렸고, 싱싱 교도소 생활 이야기는 방송뿐만 아니라 영화로도 제작되었습니다. 죄수를 '인간적'으로 대하고자 한 그의 노력은 죄수들을 교화하는 데 혁혁한 영향을 미쳤습니다.

파이어스톤 타이어 및 고무제조회사의 설립자인 하비 S. 파이어스톤은 "월급만으로 인재를 모을 수도 없고 인재를 묶어 둘 수도 없다. 일 자체에서 느낄 수 있는 보람이 중요하다"고 말했습니다.

여러분은 동기 유발의 가장 큰 요인은 무엇이라고 생각합니까?

돈? 좋은 근무 조건? 보너스? 그러나 이런 것들 중 그 어느 것도 아니었습니다. 사람들에게 가장 강한 동기 유발을 한 것은 '일 그 자체'였습니다. 일이 신나고 재미있다면, 그 일에 대해 기대가 되고 더 잘해 보려는 동기도 생겨납니다.

성공한 사람들이 좋아하는 것이 있다면, 그것은 일 자체이며 자기 표현의 기회입니다. 자신의 가치를 증명할 기회, 자신의 우월성을 보여 줄 기회, 이길 수 있는 기회를 좋아합니다. 그들은 중요한 사람으로 인정받을 수 있는 기회와 도전을 원하는 것입니다.

원칙 21 〉〉〉〉 Summary

모든 방법이 소용없을 때 최후의 히든카드인 경쟁심을 자극하라
상대방의 협력을 얻기 원한다면, 사람들 내면 깊숙이 자리한 탁월해지고 싶은 욕구를 불러일으키세요.
높은 수준의 동기 부여된 직원들을 얻길 원한다면 도전의욕을 불러일으키세요. 팀 목표 또는 개인목표에 대한 선의의 경쟁을 시작하는 것도 좋습니다.
열심히 일하는 사람은 많지만 자신의 일을 즐기는 사람은 그렇게 많지 않습니다. 당신이 리더라면 팀원들 스스로 일을 즐기도록 분위기를 만들어 주는 것이 어떨까요?
열심히 일하고 신나게 즐기게 될 때 성과가 나오는 법입니다.
여러분 주위 사람들이 긍정적이고 적극적인 태도를 갖기 원한다면 피그 마리온 효과(pygmalion effect)를 생각해 보세요.
상대가 긍정적으로 행동하기를 간절히 기대하면 상대방은 그런 사람이 된다는 말입니다.
도전의욕을 불러일으키기위해 다음의 말을 사용해 보세요.
"역시 자네밖에 없어. 이번 일은 자네가 맡아주게.
자네라면 충분히 할 수 있을거야. 난 잘할거라고 믿네."

행동으로 옮겨 보세요 〉〉〉〉 Move Into Action

매월 21일은 최후의 히든카드를 사용하는 날입니다.
이번 주 중에 달성할 수 있는 주간 목표를 세워 보세요.
그리고 목표 리스트를 눈에 잘 보이는 곳에 붙여 두세요.
도전하는 사람은 세상에서 가장 아름다운 모습을 연출하는 것입니다.
'해야 될 일' 리스트도 좋고, '하지 말아야 될 일' 리스트도 좋습니다.
주말에는 주간 목표 리스트를 보면서 달성 여부를 체크해 보세요.
작지만 스스로에게 도전장을 내미는 것입니다.
팀원들이 성과를 내는 사람이 되기를 원하나요?
협력을 얻어내고 설득력있는 리더가 되기위한 마지막 원칙,
비전과 열정을 갖고 **"도전의욕을 불러 일으켜 보세요."**

리더가 되라 :
태도와 행동을 변화시키는 법

3부

칭찬과 감사의 말로 시작하라	원칙 22
잘못을 간접적으로 알게 하라	원칙 23
상대방을 비판하기 전에 자신의 잘못을 인정하라	원칙 24
직접적으로 명령하지 말고 요청하라	원칙 25
상대방의 체면을 세워 주어라	원칙 26
아주 작은 진전에도 칭찬을 아끼지 마라. 또한 진전이 있을 때마다 칭찬을 하라. '동의는 진심으로, 칭찬은 아낌없이' 하라	원칙 27
상대방에게 훌륭한 명성을 갖도록 해주어라	원칙 28
격려해 주어라. 잘못은 쉽게 고칠 수 있다는 것을 느끼게 하라	원칙 29
당신이 제안하는 것을 상대방이 기꺼이 하도록 만들어라	원칙 30

원칙 22. 칭찬과 감사의 말로 시작하라

Begin with praise and honest appreciation

> 상대방이 잘 해왔기 때문에 구체적으로 칭찬해 줄 수 있는 사례,
> 그리고 당신과 상대방이 의견일치를 볼 수 있는
> 공통점을 찾아낸 뒤 말을 시작하라.
> ─────────────── *2분 명상*

내(데일 카네기) 친구가 언젠가 캘빈 쿨리지 대통령의 초대를 받아 백악관에서 주말을 보낸 적이 있었습니다. 대통령의 집무실로 들어서면서 우연찮게 그는 대통령이 여비서에게 말하는 소리를 듣게 되었습니다.

"오늘 의상이 당신에게 정말 잘 어울리는군. 당신은 참으로 매력적인 여성이오."

평소 말수가 적은 쿨리지 대통령이 비서에게 이렇게 칭찬하는 것은 매우 드문 일이었습니다. 너무나 뜻밖의 일이었기에 비서는 얼굴을 붉히며 어쩔 줄 몰라했습니다. 그러자 쿨리지 대통령은 이렇게 말했습니다.

"그렇게 부끄러워할 것까진 없어요. 기분 좋으라고 한 말이니까. 그리고 이제부터는 구두점을 찍을 때 조금 더 주의해 주셨으면 좋겠어요."

그의 지적이 약간 노골적이긴 했지만, 인간의 심리에 대한 그의 이해는 훌륭한 것이었습니다.

사람들은 칭찬을 듣고 난 뒤에는 조금 불쾌한 말을 듣는다 하더라도 그것을 잘 받아들일 수 있습니다. 마치 이발사가 면도를 하기 전에 손님의 얼굴에 비누거품을 발라서 면도의 충격을 줄이는 것처럼 말입니다.

매킨리가 1896년 대통령 후보에 출마했을 때의 일입니다. 한 유명한 참모가 선거 연설문을 써 왔습니다. 그는 자신만만하게 연설문을 매킨리 앞에서 낭독했습니다. 연설문에는 부분적으로 잘된 문장도 있었지만 전체적으로 문제가 있었습니다. 자칫 잘못하다가는 대중의 비난이 쏟아질지도 모르는 일이었습니다.

매킨리는 참모의 자존심을 손상시키지 않으면서도 그의 열의를 존중해 주어야만 했습니다. 그는 이 난관을 얼마나 멋지게 처리했을까요?

"정말 훌륭한 연설문이요. 그 누구도 이 이상의 연설문을 쓸 수는 없을 거요. 평상시 이대로 연설하면 아주 효과가 있겠어. 그리고 이

번 같이 민감한 상황에서는 당의 입장도 고려해 생각해 봐야 할 것 같은데. 내가 연설의 요점을 말해 줄 것이니 수고스럽지만 다시 한 번 써 줄 수 없겠는가?"

그는 매킨리가 원하는 대로 다시 썼으며, 선거 기간 동안 가장 영향력 있는 한 사람으로 활약했습니다.

다음은 링컨이 쓴 편지 가운데 두 번째로 유명한 것입니다(첫 번째로 유명한 것은 빅스비 부인에게 보낸 것으로서, 전쟁터에서 다섯 아들을 잃은 것에 대한 애도의 편지였습니다). 링컨이 이 편지를 쓰는 데는 5분밖에 걸리지 않았지만, 1926년 공개 입찰에서 이 편지는 1만 2,000달러에 팔렸습니다. 이 금액은 링컨이 일생 동안 벌었던 돈보다 더 많은 액수였습니다.

이 편지는 남북전쟁의 가장 어려웠던 시기였던 1863년 4월 26일에 북군 총사령관 조셉 후커 장군에게 보낸 것입니다. 북군은 작전상의 잘못으로 18개월간 동안 패배를 거듭해 사상자 수가 늘어났고 국민들은 절망에 빠졌습니다. 수천 명의 탈주병이 발생했으며, 같은 공화당의 상원의원조차 링컨이 패배의 책임을 지고 퇴진해야 한다고 주장할 정도였습니다.

링컨 자신도 "우리는 지금 파멸 직전에 놓여 있소. 하나님도 우리를 버리셨소. 희망의 빛이라고는 아무데서도 찾아볼 수 없소"라고 탄식하던 시기에 쓴 편지였습니다.

국가의 운명이 한 장군의 행동에 달려 있을 수도 있던 그 시점에 링컨은 제멋대로인 그를 바로 잡기 위해 어떻게 했을까요?

이 편지에서 링컨은 후커 장군의 문제점을 지적하기에 앞서 그의 장점을 칭찬하고 있음에 주목할 필요가 있습니다.

친애하는 후커 장군,

본인은 귀관을 신뢰했기에 북군의 지휘관으로 임명했습니다. 물론 그것은 확신을 가지고 결정한 일입니다만, 귀관에게 만족을 느끼지 못하고 있는 몇 가지 일들이 있다는 것을 생각해 주었으면 합니다.

귀관은 용감하고 지략을 갖춘 뛰어난 군인입니다. 또한 귀관은 정치와 군사 문제를 혼동하지 않습니다. 그것은 매우 올바른 일입니다. 귀관은 야망과 의욕을 가지고 있는데, 이는 지나치지만 않다면 좋은 일입니다. 하지만 귀관이 번 사이드 장군의 지휘 하에 있을 때, 공을 세우는 데 집착한 나머지 명령을 어김으로써 국가를 위해 혁혁한 공을 세운 상관에게 중대한 과실을 범했습니다.

최근에 귀관이 정부와 군대에 독재자가 필요하다고 발언한 것을 들었습니다. 본인이 귀관을 지휘관으로 임명한 것은 귀관의 의견에 동의했기 때문이 아니라, 그러한 주장에도 불구하고 귀관의 능력을 믿었기 때문입니다. 승리한 장군만이 독재자로 추대될 수 있습니다. 본인이 귀관에게 바라는 것은 군사적인 승리이며, 그것을 위해 독재 정치의 위험도 무릅쓸 생각입니다.

우리는 정부가 지닌 최대한의 능력을 기울여 귀관을 지원할 것입니다. 본인은 귀관의 언동에 영향을 받아 군대 내에서 상관을 비방하며 명령을 듣지 않는 풍조가 생기게 되면 결국은 귀관 자신의 지휘력에도 영향을 미칠 수 있다는 점을 우려하고 있습니다. 물론 나 자신도 혼신의 힘을 기울여 그러한 사태의 발생을 막을 것입니다.

그러한 풍조가 군대 내에 팽배하면, 귀관은 물론 설령 나폴레옹이 살아 돌아온다 하더라도 우수한 군대를 만드는 것은 불가능할 것입니다. 지금은 경솔한 언행을 삼가야 할 때입니다. 경솔함에서 벗어나 전심전력을 다하여 우리에게 승리를 안겨 주기를 부탁하는 바입니다.

뉴저지 주 연방신용조합의 지점장이었던 도로시 러블류스키는 직원을 훈련시켜 생산성을 향상시킬 수 있었던 방법에 대해 다음과 같이 말합니다.

"최근에 한 젊은 여성을 견습 출납원으로 채용했습니다. 고객을 대하는 그녀의 태도는 매우 좋았습니다. 고객의 계좌를 다루는 데 정확했고 효과적으로 처리했습니다. 문제는 마감 시간이 되어 장부를 정리할 때 발생했습니다.

출납계장이 나에게 와서 그녀를 당장 해고해야 한다고 주장했습니다. 장부를 맞추는 속도가 너무 느려서 다른 사람들을 기다리게 한다는 것이었습니다. 몇 번이고 가르쳐 주었지만 전혀 알아듣지를 못한다는 것이었습니다.

다음 날 그녀가 일하는 것을 지켜보았는데, 일상적인 거래는 정확하고 신속하게 처리했으며 고객들에게도 매우 친절했습니다. 하지만 고객과의 거래가 마감되고 장부를 맞추는 시간이 되었을 때, 그녀는 당황해서 어쩔 줄 모르고 있었습니다.

저는 몹시 긴장한 그녀에게 다가가 '고객들을 대하는 태도가 너무나 친절하고 일할 때도 정확하고 빨라서 좋아요' 라고 칭찬부터 했습니다. 그리고 입금과 출금을 맞출 때의 장부 처리 절차를 상세히 가르쳐 주었습니다. 제가 그녀를 신뢰하고 있다는 것을 깨닫자 그녀는 나의 말을 잘 이해하고 곧 방법을 터득했습니다. 그 이후 그녀는 아무런 문제없이 일을 잘하고 있습니다."

상대방의 잘못을 지적하기 전에 먼저 칭찬을 해주는 것은 치과 의사가 치료 전에 마취제를 사용하는 것과 같습니다. 마취제는 치료를 하는 동안 환자의 고통을 없애 줍니다. 유능한 리더는 이러한 방법으로 사람을 다룹니다.

원칙 22 〉〉〉〉 Summary

결점을 지적해야 한다면 이렇게 시작하라
현명한 리더는 함께 일하는 팀원들에게 올바른 행동과 좋은 업무 습관 등이 필요한 상황이라면, 먼저 칭찬과 감사의 말로 시작합니다.
상처받은 감정은 보다 쉽게 누그러지고, 변화를 위한 노력들이 나타날 것입니다.
칭찬과 감사의 말을 한 후에 잘못을 지적하세요.
그리고나서 다시 한 번 칭찬을 해주셔야 합니다.
그러면 반발이나 불쾌감을 주지 않고 사람을 변화시킬 수 있답니다.
입으로는 칭찬의 말을!
손으로는 감사의 편지를!
발로는 어려운 사람을 찾아가는 것!
이것이 진정한 사랑의 실천이요.
리더가 갖추어야 할 덕목이랍니다.
"면도를 하기 전에 얼굴에 비누거품을 바른다."
"치과의사는 치료 전에 마취제를 사용한다."

행동으로 옮겨 보세요 〉〉〉〉 Move Into Action

이제부터는 리더가 되라는 원칙 22~30 을 실천하실 차례입니다.
이 원칙들은 불쾌감이나 적대감을 불러일으키지 않고 상대방의 태도와 행동을 변화시키는 것입니다.
매월 22일째, 부득이 잘못을 지적해야 한다면 꽃다발을 들고 칭찬과 감사의 말로 시작해 보세요.
그리고 잘못을 지적한 다음에는 반드시 격려를 해줘야 합니다.
이 원칙은 연말 평가 때만 활용할 수 있는 것은 아닙니다. 한 번 생각해 보세요.
과거의 당신도 매일매일의 일상 속에서 칭찬과 감사의 말이 필요했을 것입니다.
"칭찬과 감사의 말로 시작하라."

잘못을 간접적으로 알게 하라

Call attention to people's mistakes indirectly

> "바보 같으니!"라고 말하는 것과 "당신이 한 일은 잘못됐지만, 나는 당신이 훨씬 더 잘할 수 있다는 것을 안다"라고 말하는 것에는 큰 차이가 있다.
>
> ─────────────────────── *2분 명상*

찰스 슈와브는 어느 날 오후 자신의 제철공장을 둘러보고 있었습니다. 직원들 몇 명이 그들의 머리 바로 위에 붙어 있는 '금연'이라는 푯말 아래에서 담배를 피우고 있었습니다.

이 광경을 본 슈와브가 직원들에게 뭐라고 했을까요? 금연이라는 푯말을 가르키면서 "자네들은 저 글을 읽을 줄도 모르나?"라고 말했을까요?

슈와브는 그들에게 다가가 담배를 하나씩 권하며 "모두들 밖에 나가서 한 대씩 피우고 오게"라고 말했습니다.

그들이 규칙을 어긴 것에 대해서는 아무런 언급도 하지 않고 작은 선심까지 쓰면서 자존심을 살려 주었던 것입니다. 자존심에 상처를 주지 않고 잘못을 간접적으로 알게끔 해주는 이런 사람을 존경하지 않을 수 있을까요?

존 워너메이커도 이런 방법을 사용했습니다. 워너메이커는 필라델피아에 있는 자신의 매장을 날마다 방문했습니다. 어느 날 한 부인이 혼자 카운터 앞에서 기다리고 있는 것을 발견했습니다. 직원들은 그 부인이 서 있는 것도 모른 채 한쪽에 모여 잡담을 하고 있었습니다. 워너메이커는 아무 말 없이 카운터로 가서 손님을 맞았습니다. 그런 다음 점원에게 물건을 포장해 주라고 건네주고는 아무 일도 없었다는 듯이 나갔습니다.

흔히들 고위 공직자들은 지역 주민들을 잘 만나 주지 않는다고 불평을 터뜨립니다. 그들이 바쁜 탓이기도 하지만, 때로는 방문객들에게 윗사람을 시달리게 해서는 안 된다고 생각하는 보좌관들 때문이기도 합니다.

카알 랭포드가 디즈니월드가 자리 잡은 플로리다 주 올랜도 시장이었던 때의 이야기입니다. 그는 자신의 개방 정책을 펼치기 위해 지역 주민들이 자기를 자유롭게 만날 수 있도록 해달라고 보좌관들에게 부탁했습니다. 그러나 보좌관들은 지역 주민들이 시장의 집무실에 들어가는 것을 가로막았습니다.

이에 랭포드 시장은 한 가지 묘책을 생각해 냈습니다. 집무실 문을 아예 없애 버린 것입니다. 보좌관들은 그제서야 시장의 뜻을 이해하게 되었습니다. 사무실의 문이 상징적으로 제거된 그날부터, 랭포드 시장은 참된 개방 정책을 펼칠 수 있었습니다.

'그러나' 와 '그리고' 를 어떻게 사용하느냐에 따라, 상대방의 기분을 좋게 만들 수도 있고 그렇지 못하게 만들 수도 있습니다.

많은 사람들은 칭찬을 하고나서 곧바로 '그러나' 라는 단어와 함께 비난하는 말로 끝을 맺습니다. 흔히 부모들은 자녀의 산만한 공부 습관을 바꾸기 위해 이렇게 말합니다. "애야, 이번 학기에 성적이 올라서 네가 정말 자랑스럽다. 그러나 수학 공부를 좀더 열심히 했더라면 성적이 더 좋았을 텐데."

아이는 '그러나' 라는 말을 듣기 전까지는 칭찬이라고 생각하고 자신감을 가질지도 모릅니다. 하지만 '그러나' 이후의 말을 듣고는 칭찬의 순수성에 의문을 갖게 될 것입니다. 아이에게는 칭찬의 말이 나쁜 성적을 비난하기 위해 꾸며낸 서론에 불과한 것처럼 보이기 때문입니다. 이렇게 되면 신뢰감이 없어지고, 자녀의 공부 습관을 바꾸고자 했던 당초의 목표는 달성할 수 없게 됩니다.

이런 경우 '그러나' (But)를 '그리고' (And)로 바꾸면 문제는 쉽게 해결됩니다. "애야, 이번 학기에 성적이 올라서 네가 정말 자랑스럽구나. 그리고 다음 학기에도 꾸준하게 열심히 노력한다면 수학 성적도 올라갈 것으로 믿는다."

이렇게 하면 아이는 나쁜 성적에 대한 이야기는 듣지 못했으므로 칭찬이라고 생각할 것입니다. 또한 수학 성적에 대한 부모의 희망을 간접적으로 암시해 주었기 때문에, 그는 부모의 기대를 저버리지 않으려고 노력할 것입니다.

뛰어난 설교로 이름난 헨리 워드 비처가 세상을 떠난 것은 1887년 3월 8일이었습니다. 그 다음 일요일, 비처의 후임으로 라이먼 애보트가 첫 설교를 하게 되었습니다. 그는 열심히 설교문을 쓰고 또 고쳐 쓰기를 반복했습니다. 설교 원고가 완성된 후 그는 그것을 아내에게 읽어 주었습니다. 원고를 보고 읽는 연설이 대개 그렇듯이, 그의 설교도 설득력이 없었습니다. 그의 아내가 만일 사려 깊지 못한 여자였다면, 이렇게 말했을 것입니다.

"여보, 정말 형편없군요. 그래서는 안 되겠어요. 듣고 있는 사람이 잠들어 버리겠어요. 백과사전을 읽는 것 같아요. 몇 년 동안이나 설교를 했는데 아직도 당신은 멀었군요. 평소 말하는 투로 자연스럽게 못하세요? 그런 식으로 읽는다면 망신만 당할 거예요."

하지만 그녀는 "여보, 『노스 아메리카 리뷰』지에 실릴 정도의 훌륭한 설교문이에요"라고만 말했습니다. 칭찬을 하면서 동시에 설교용으로는 적당하지 않다는 것을 암시한 것입니다.

애보트도 그녀가 무슨 말을 하고자 하는지 이내 알아차렸습니다. 그는 그토록 정성을 들여 작성했던 원고를 버리고, 메모도 없이 연설을 했지만 성공적으로 끝낼 수 있었습니다.

원칙 23 〉〉〉〉 Summary

미움을 사지 않고 비평하는 방법

비평을 하면서도 미움을 사지 않는 방법이 있다면 관심이 있습니까?
누군가의 행동을 변화시키려면 "잘못을 간접적으로 알게 하라"는 원칙을 실천해 보세요. 이것은 아주 놀라운 결과를 가져옵니다.
한 상사의 이야기를 들어볼까요?

A : "○○○님! 지난주 보고서는 아주 훌륭했습니다.
　　그러나(but) 보고서 중에 몇 개 잘못된 부분이 있었어요!"

B : "○○○님! 지난주 보고서는 아주 훌륭했습니다.
　　그리고(and) 보고서 중 몇 가지가 교정되는 대로 이 훌륭한 보고서를 프레젠테이션하고 싶습니다. 기대하고 있겠습니다."

B의 방법을 사용한다면, 실패하지 않고 긍정적인 행동의 변화를 볼 수 있을 것입니다.

"비평을 하면서도 미움을 사지 않으려면, 먼저 상대방의 말을 인정한 후에 그러나(but)를 그리고(and)로 바꿔 보세요."

행동으로 옮겨 보세요 〉〉〉〉 Move Into Action

매월 23일에는 '이해'라는 단어를 세 번(이해, 이해, 이해) 떠올리면서 '그러나'라는 단어를 당신의 단어사전에서 지워 버리세요!
　'그러나(but)'를 '그리고(and)'로 바꾸어 쓰기만 해도 사람들의 원망이나 미움을 받지 않고 그들의 잘못을 고칠 수가 있습니다.
"상대방이 자신의 잘못을 간접적으로 알게하라."

원칙 24 상대방을 비판하기 전에 자신의 잘못을 인정하라

Talk about your own mistakes before criticizing the other person

> 성숙한 리더는 다른 사람들이 범하는 실수를 자신도 저질러 왔다는 사실을 인정한다. 자신의 잘못을 먼저 얘기하는 것은 서로간의 관계를 공고히 하고 상대의 잘못을 바로잡는 것을 용이하게 할 것이다.
> — *2분 명상*

조카인 조세핀이 나(데일 카네기)의 비서로 일하기 위해 처음 뉴욕에 왔을 때, 그녀는 열아홉 살로 고등학교를 졸업한 지 3년이나 되었지만 직장 경험이 거의 없는 상태였습니다. 지금은 매우 유능한 비서가 되었지만 처음에는 미숙하고 실수가 많았습니다.

어느 날 조세핀을 야단치려다, 자신에게 이렇게 말해 보았습니다. "카네기, 잠깐만. 너는 조세핀보다 나이가 두 배나 많잖아? 일에 대한 경험은 만 배는 더 많을 것이고, 어떻게 어린 그녀에게 네가 가진 생각, 판단, 창의력을 기대할 수 있단 말인가? 그래 잠시 생각 좀 해보게. 자네는 열아홉 살 때 어떻게 하고 있었지? 실수투성이였지 않았는가?"

결국 나는 조세핀은 내가 열아홉 살이었을 때보다 더 나으며, 그런 조세핀에게 칭찬 한 번 제대로 못했다는 생각에 이르게 되었습니다. 그 이후로 조세핀의 실수를 지적해야 할 때면 이렇게 말했습니다.

"조세핀, 실수를 했구나. 하지만 내 실수에 비하면 아무것도 아니란다. 판단력은 경험 속에서 생겨나는 것인데, 네 나이 때의 나보다는 그래도 낫구나. 너를 나무랄 생각은 없단다. 그리고 이런 경우에는 이렇게 해보면 어떨까."

이처럼 실수를 지적하는 사람이 먼저 자신의 잘못을 인정하면서 이야기한다면, 상대방은 그다지 불쾌하게 생각하지 않고 좀더 쉽게 받아들일 수 있지 않을까요?

독일제국 최후의 황제인 빌헬름 2세 때 수상을 지냈던 폰 빌로 공은 이 방법의 필요성을 절실히 느꼈습니다. 당시의 빌헬름 황제는 육해군을 증강하여 그 위세를 세계에 떨치고 있었습니다. 한 번은 황제가 영국을 방문하던 중에 도저히 믿을 수 없는 폭언을 하여 유럽은 물론 전 세계가 경악했습니다.

"나는 영국에 호의를 가지고 있는 유일한 독일인이다. 영국이 러시아와 프랑스의 공격을 받지 않고 안심할 수 있는 것은 모두 내 덕분이다. 영국이 남아프리카의 보어전쟁에서 승리한 것도 나의 전략 때문이었다"라는 말을 했던 것입니다.

평화 시에 유럽의 왕이 이런 말을 한 사례가 없었기 때문에, 빌헬름 황제는 당황하여 폰 뷜로에게 그 책임을 전가하려 했습니다.

황제는 폰 뷜로에게 "당신이 황제에게 그렇게 말하라고 조언했다고 발표해 주시오"라고 요청한 것입니다.

"폐하, 독일이나 영국 어느 누구도 제가 그런 발언을 황제께 조언했다고는 믿지 않을 것입니다."

"그럼, 내가 자네 같으면 절대로 하지 않는 실수나 저지르고 다니는 바보란 말인가?"

황제는 벌컥 화를 냈습니다. 뷜로는 '비난하기에 앞서 먼저 칭찬했어야 하는데' 하고 생각했으나 때는 이미 늦었습니다. 그래서 그 즉시, 비난 뒤에 칭찬하는 방법을 사용했습니다.

"폐하, 그럴 리가 있겠습니까? 제가 감히 어떻게 현명한 폐하를 따라갈 수 있겠습니까? 폐하께서는 군사 지식은 물론 자연과학 분야에서도 뛰어난 분이십니다. 저는 폐하께서 기압계나 무선전신, X선 등에 대해 설명하시는 것을 들을 때마다 감탄을 금치 못했습니다. 그런 제가 감히 어떻게 폐하께 조언할 수 있겠습니까?"

황제의 얼굴에는 미소가 감돌았습니다. 뷜로가 황제를 치켜올리고 자신을 낮추었기 때문입니다.

"늘 내가 하는 말이지만 우리가 서로 협력하면 잘할 수 있다네.

누구든 자네를 욕하는 자가 있다면 혼을 내 주겠네."

진실한 겸손과 칭찬이 우리 생활에서 어떠한 결과를 얻어낼지 다시 한 번 생각해 보십시오. 적절히 사용한다면 인간관계에 있어서 정말로 기적을 만들 것입니다.

자신의 실수를 인정하는 것은, 비록 실수를 계속하고 있는 중이라 하더라도 다른 사람의 행동을 바꾸게 할 수 있습니다. 메릴랜드 티모니움에 살고 있는 클레런스 제르허센은 올해 열다섯 살 난 아들이 호기심으로 담배를 피운다는 사실을 알고는 이러한 방법을 사용했습니다.

"물론 저는 아들이 담배 피우는 것을 원치 않았습니다. 하지만 저와 제 아내도 담배를 피우고 있었지요. 부모가 자식에게 나쁜 본보기를 보여 주고 있었던 셈입니다. 저는 아들에게 아빠가 어떻게 그만한 나이에 담배를 배웠는지, 그것이 얼마나 건강에 해로웠는지를 설명했습니다. 이제는 담배를 끊기가 불가능해 졌고 기침을 할 때마다 참으로 괴롭기가 이루 말할 수 없다고 말했습니다. 그리고 '네가 얼마 전까지만 해도 나에게 담배를 끊으라고 하지 않았느냐'고 상기시켜 주었답니다.

저는 아들에게 담배를 끊으라고 훈계를 하거나, 흡연의 위험성에 대한 협박이나 경고 따위는 하지 않았습니다. 다만 어떻게 해서 담배에 중독되었고 시달리고 있는지를 설명해 주었지요.

아들은 잠시 생각해 보고는 고등학교를 졸업할 때까지는 담배를 피우지 않겠다고 약속했습니다. 그 이후 고등학교를 졸업하고도 전혀 담배를 피우지 않았습니다. 그 대화 이후 저도 담배를 끊기로 결심했고, 가족들의 도움으로 담배를 끊는 데 성공했습니다."

원칙 24 〉〉〉〉 Summary

자신의 실수를 먼저 이야기하라
진정한 용기는 어디에 있을까요?
당신이 진정한 리더라면, 상대방을 비판하기 전에 자신의 잘못을 인정해 보세요. 만약 누군가가 "당신에게는 큰 잘못이 없습니다"라는 겸손한 태도로 이야기한다면 그 뒤 당신의 잘못을 지적받게 되더라도 그리 힘들지는 않을 것입니다.
훌륭한 리더가 되길 원하신다면 언제나 이 원칙을 따르시기 바랍니다.
겸손하게 자신의 잘못을 인정하고, 상대방을 존중하는 태도는 당신의 인간관계에 있어 기적적인 결과를 가져올 것입니다.
"비록 실수를 계속하고 있는 중이라 하더라도, 자신의 실수를 인정하면 다른 사람의 행동을 바꿀 수 있다."

행동으로 옮겨 보세요 〉〉〉〉 Move Into Action

매월 24일에는 상대방과 신발을 바꾸어 신어 보세요.
상대방이 어린아이든 함께 일하는 동료든 이 원칙을 실천할 수 있는 가장 좋은 방법은 상대방의 입장이 되어 보는 것이지요.
그리고 당신의 과거를 찬찬히 설명해 주세요.
당신도 같은 실수를 했었고 어떻게 고치게 되었는지 말이에요.
"상대방을 비판하기 전에 자신의 잘못을 인정하라."

원칙 25: 직접적으로 명령하지 말고 요청하라
Ask questions instead of giving direct orders

> 이 원칙은 사람의 자존심을 세워 주고 자신의 중요성을 느끼게 해준다.
> 반감 대신에 협조를 불러일으키고
> 직원들의 창조적 사고를 발전시키는 데 아주 효과적이다.
> ---- *2분 명상*

미국의 전기(傳記)작가협회장인 아이다 타벨 여사와 식사를 같이 할 기회가 있었습니다. 내가 『카네기 인간관계론(원제 : How to Win Friends & Influence People)』이라는 책을 집필하는 중이라고 말하자, 대화는 자연스럽게 인간관계에 대한 이야기로 흘러갔습니다.

그녀는 오웬 D. 영의 전기를 쓸 당시, 영과 함께 3년간 같은 사무실에서 근무했던 직원을 인터뷰했던 일을 이야기했습니다. 그 직원에 의하면 영은 어느 누구에게도 명령을 내리지 않았다고 합니다. 명령이 아니라 제안을 했다는 것입니다.

"이렇게 하시오. 저렇게 하시오"라고 지시하는 대신 "이렇게 생각해 보면 어떨까요?" 또는 "그렇게 하면 될까요?"라는 식으로 말입니다.

편지를 구술해 비서로 하여금 받아쓰게 한 다음에는 "어떻게 생각해요?"라고, 또 직원이 기안한 공문을 보고 나서는 "이렇게 고치면 더 좋을 것 같은데"라고 말하곤 했습니다.

영은 언제나 사람들에게 스스로 일할 기회를 주었습니다. 부하들에게 일하라고 시키는 것이 아니라 자발적으로 일하면서 실수를 통해 스스로 배우도록 했습니다.

이러한 방법은 사람들로 하여금 잘못을 쉽게 바로 잡을 수 있게 해줍니다. 자존심을 세워 주고 자신의 중요성을 느끼게 해주어 반감 대신 협조를 불러일으킵니다.

댄 산타렐리는 펜실베이니아 주 와이오밍에 있는 한 실업학교의 교사였습니다. 그는 한 학생이 교내 매점 입구에 불법주차하는 바람에 매점 진입로를 막았던 일에 대해 이야기했습니다.

교사 한 명이 교실 문을 박차고 들어오더니 거만한 목소리로 물었습니다.

"진입로를 막고 있는 차가 누구 차야?"

한 학생이 자기 차라고 대답하자 그 선생은 고함을 질렀습니다.

"지금 당장 차를 치워! 안 치우면 차에다 체인을 감아 끌어 낼 테니까."

당시 상황에서 잘못은 그 학생에게 있었습니다. 진입로에 주차해서는 안 되었던 것입니다. 하지만 그날 이후 그 학생은 물론 다른 학생들에게도 반감을 불러일으켜 그는 많은 어려움을 겪었습니다. 다른 방법은 없었을까요?

만일 그가 "진입로에 서 있는 저 차가 누구 것이지? 차를 비켜 주어야 다른 차들이 왕래할 수 있지 않겠니?"라고 말했더라면, 그 학생은 기꺼이 그렇게 했을 것입니다. 더구나 다른 학생들도 기분이 상하거나 반감을 품지는 않았을 것입니다.

질문을 하는 것은 명령을 좀더 쉽게 받아들이게 할 뿐만 아니라 창의성을 자극하기도 합니다. 사람들은 의사 결정에 자신이 참여하게 되면 더 적극적으로 따릅니다.

남아프리카 요하네스버그의 맥도널드는 정밀기기 부품을 전문적으로 생산하는 공장의 관리자였습니다. 한 번은 매우 큰 규모의 주문을 받게 되었습니다. 하지만 납품 기일을 맞출 수 없을 것 같았습니다. 작업 스케줄이나 납품 기한이 너무 촉박했습니다. 맥도널드는 직원들을 재촉하기보다는 한곳에 모아 놓고, 그들에게 상황을 설명해 주었습니다. 주문량을 납품 기일 내에 생산할 수 있으면 회사와 본인들에게 얼마나 이익이 되는지도 말해 주었습니다. 그리고 그는 질문하기 시작했습니다.

"우리가 이 주문량을 처리할 방법은 없을까요?"

"주문을 받아서 납품 기일을 맞출 수 있는 다른 새로운 방법이 있나요?"

"작업 시간이나 개인별 작업 할당을 조정할 방법은 없을까요?"

직원들은 여러 가지 아이디어를 내놓으며 그 주문을 받아들이자고 했습니다. 그들은 "우리는 해낼 수 있다"는 태도로 그 문제에 임했고 주문량을 제 날짜에 납품할 수 있었습니다.

원칙 25 〉〉〉〉 Summary

어느 누구도 명령받기를 좋아하지 않는다
누구도 명령받기를 좋아하지는 않습니다.
비록 불가피한 상황 속에서 내려진 명령이라 할지라도, 무례한 명령에 대해 분노하는 마음은 오래 지속될 것입니다. 자발적으로 움직이게 하려면 직접적인 명령보다는 '물음표(?)'를 사용해서 요청해 보세요.
그러면 상대방은 스스로 잘못을 고치려고 할 것입니다.
요청하는 것은 종종 상대방의 창의성을 북돋아 줍니다.
사람들은 자신이 의사 결정에 참여할 때 명령에 긍정적인 반응을 보입니다.
자발적으로 움직이게 하려면 명령하지 말고 요청해 보세요.
"당신은 ~해야한다로 표현 보다는 '~하는 것이 어떨까요? 라고 말을 사용하시기 바랍니다."

행동으로 옮겨 보세요 〉〉〉〉 Move Into Action

매월 25일에는 물음표(?)를 생각해 보세요.
사람들에게 명령을 내리지 말고 다음과 같이 요청해 보면 어떨까요?
"좀더 다르게 처리할 수 있는 방법은 없을까요?"
"이 업무를 좀더 효과적으로 해결할 방법을 생각해 보신 분은 안 계신가요?"
"함께 협조하기 위해서 각자 시간이나 개인적 업무를 조정할 수 있는 방법이 없을까요?"
"이것이 제대로 실행될 수 있을까요?"
"이런 방법으로 한다면 괜찮겠습니까?"
"직접적으로 명령하지 말고 요청(?)을 해보세요."

상대방의 체면을 세워 주어라

Let the other person save face

> 짐승은 궁지에 몰리면 반격한다.
> 사람도 이와 마찬가지다.
> 상대방에게 체면을 세울 기회를 줘라.
> ---------------- *2분 명상*

제너럴일렉트릭(GE) 사는 찰스 스타인메츠 기획부서장의 인사 문제로 고민을 하고 있었습니다. 스타인메츠는 전기에 관한 한 누구도 따를 수 없는 일류 기술자였으나, 부서장으로는 적합하지 않은 인물이었습니다. 하지만 그는 회사에 반드시 필요한 존재였으므로, 회사는 그의 예민한 감정을 상하게 하지 않으면서도 부서장 자리를 그만두게 하기 위해 새로운 직책을 부여했습니다.

'제너럴일렉트릭의 고문 엔지니어'가 그의 직함이었습니다. 하는 일이 달라진 것도 아니었습니다. 그는 자존심을 손상받지 않고 흔쾌히 그 자리를 떠날 수 있었습니다.

자존심을 세워 주는 일! 이것은 인간관계에 있어 더할 나위 없이 중요한 일입니다. 하지만 그 중요성을 이해하고 있는 사람은 과연 몇 명이나 될까요? 자신의 주장을 관철하기 위해 다른 사람의 감정은 무시하는 경우가 대부분입니다. 상대방의 자존심 같은 것은 전혀 생각하지 않기 때문이지요.

여러 사람들 앞에서 직원을 꾸짖는가 하면 어린아이를 사정없이 나무라지는 않습니까? 조금만 더 깊이 생각해서 따뜻한 한두 마디의 말, 또는 상대방에 대한 진실한 이해를 보여 주세요. 그러면 훨씬 쉽게 문제가 풀리게 될 것입니다.

카네기 코스에서, 다른 사람들을 비난하는 경우의 부정적인 효과와 자존심을 세워 주는 경우의 긍정적인 효과에 대해서 토론을 벌인 적이 있었습니다.

펜실베이니아 주 해리스버그에 사는 프래드 클라크는 회사의 생산회의에 참석했다 일어난 일에 대해 다음과 같이 말했습니다.

"생산회의에서 부사장이 생산라인의 감독자 한 사람에게 아주 날카로운 질문을 던졌습니다. 감독자의 잘못을 끄집어내려는 말투였습니다. 그는 동료들 앞에서 창피당하기 싫어 대답을 얼버무렸고 부사장은 화가 나서 그를 거짓말쟁이로 몰아세웠습니다. 그들 사이에 쌓여 있던 신뢰는 불과 몇 분 만에 무너져 버렸습니다. 유능한 편이었던 그는 그 이후 점차 무능한 사람이 되어 갔습니다. 몇 달

후 그는 회사에 사표를 쓰고는 경쟁사에 취직을 했는데, 지금 그곳에서 아주 일을 잘하는 유능한 생산감독자로 인정받고 있답니다."

안나 마조네는 식품포장회사의 마케팅 전문가였습니다. 그녀에게 신상품의 테스트 마케팅이라는 첫 중대한 임무가 주어졌습니다. 카네기 코스에서 그녀는 다음과 같은 경험을 발표했습니다.
"실험 결과가 나왔을 때 저는 어찌할 바를 몰랐어요. 애초 기획 단계에서 중대한 실수를 범해 실험 전체를 다시 해야만 했습니다. 설상가상으로 상사와 이 문제를 협의도 못한 채 회의에 참석하게 되었습니다. 회의에서 보고를 하라는 말을 들었을 때 눈물이 쏟아지려 했으나 꾹 참았습니다. 하지만 그간의 과정을 간단하게 보고한 뒤, 실수를 범했기 때문에 다음 회의 때까지 다시 연구하겠다고 말했습니다. 저는 상사의 질책을 각오하면서 자리에 앉았습니다.
상사는 오히려 프로젝트를 맡았을 때 실수는 있을 수 있는 법이라며, 제가 일한 과정을 칭찬하면서 최선을 다해준 것에 감사한다고 말 했습니다. 여러 사람 앞에서 저의 능력에 대한 신뢰를 보여 주며, 이번 실패의 원인은 능력 부족이 아니라 경험 부족이라고 확신시켜 주었습니다. 회의장을 나오면서 저는 자신감을 느꼈고, 저의 체면을 세워준 상사를 다시는 실망시키지 않겠다고 다짐했습니다."

비록 자신이 옳고 상대방이 잘못한 것이 분명하더라도, 상대방의 체면을 잃게 하면 그는 자존심에 상처를 받게 됩니다. 『어린 왕자』로 유명한 작가 생텍쥐페리는 다음과 같은 글을 쓴 적이 있습니다.

"상대방이 누구일지라도 나에게는 그 사람을 과소평가하는 말이나 행동을 할 권리가 없다. 중요한 것은 내가 그 사람에 대해서 어떻게 생각하느냐가 아니라, 그 사람이 자신을 어떻게 생각하느냐 하는 것이다. 사람의 자존심에 상처를 주는 일은 죄악이다."

원칙 26 〉〉〉〉 Summary

상대방의 체면을 살려 주어라
당신의 기분이 손상당했을 때 그때 기분이 어떠했나요?
다른 사람의 감정을 사려 깊게 살펴보는 사람은 그리 많지 않습니다.
우리는 보통 타인의 실수를 찾아내서, 그 실수를 드러내고 비난하기를 좋아합니다. 상대방의 자존심에 상처를 준다는 사실은 외면한 채 말이죠.
대부분의 경우, 잘못을 저지른 사람은 중대한 실수를 했다는 사실을 이미 누구보다 잘 알고 있답니다.
조금 멈춰서 생각해 보고, 좀더 사려 깊은 언어를 사용해서 진심으로 상대방을 이해하는 태도를 가지세요.
그것은 상대방의 아픔을 가볍게 해줄 것입니다.
"사람의 자존심에 상처를 주는 일은 죄악이다."

행동으로 옮겨 보세요 〉〉〉〉 Move Into Action

매월 26일에는 갓을 한 번 써 보세요. 그리고 상대방의 감정에 대해서 사려 깊게 생각할 시간을 가지세요.
상대방이 불이익도 감수하게 하려면 상대방의 체면을 세워 줘야 합니다.
사람의 존엄성에 상처를 주는 것은 죄악입니다.
"상대방의 체면을 세워 주어라."

원칙 27

아주 작은 진전에도 칭찬을 아끼지 마라. 또한 진전이 있을 때마다 칭찬을 하라. '동의는 진심으로, 칭찬은 아낌없이' 하라

Praise the slightest improvement and praise every improvement. Be "hearty in your approbation and lavish in your praise"

> 뭔가 새로운 일을 할 때 사람들은 즉각적인 피드백과 성취감을 필요로 한다.
> ─────────── *2분 명상*

피트 발로는 나(데일 카네기)의 오랜 친구로, 그는 평생 동안 서커스에서 동물 쇼를 했습니다. 나는 가까이에서 그가 개를 훈련시키는 것을 종종 지켜보곤 했는데, 그는 새로 들어온 개가 조금이라도 잘하면 칭찬을 아끼지 않았고 고기를 던져 주면서 그 동작을 반복하게 했습니다.

사실 이 방법은 발로만 사용하는 것이 아닙니다. 동물 조련사들은 아주 오래전부터 이 방법을 사용해 왔습니다. 그런데 왜 사람들은, 다른 사람을 변화시키려 할 때 이 방법을 사용하지 않는 것일까요? 왜 회초리 대신 고기를, 비난 대신 칭찬을 활용하지 않을까요?

상대방이 조금이라도 진전을 보이면 칭찬해 주세요. 그것은 상대방을 분발시켜 그를 더욱 발전시켜 줍니다.

심리학자인 제스 레어는 『나는 대단하지는 않지만, 나에게는 내가 전부이다』라는 책에서 이렇게 말하고 있습니다.

"칭찬은 인간의 영혼을 따뜻하게 해주는 햇볕과 같다. 칭찬 없이는 자랄 수도 꽃을 피울 수도 없다. 그런데도 대부분의 사람들은 비난이란 찬바람만 퍼부을 뿐, 우리와 함께 살아가는 사람들에게 칭찬이라는 따스한 햇볕을 주는 데 인색하다."

지난 생을 돌이켜보면 몇 마디의 칭찬이 나의 인생을 바꾼 적이 여러 차례 있었습니다. 당신도 뒤돌아보면 칭찬으로 인해 변화된 적이 있지 않은가요?

이탈리아 나폴리의 한 공장에서 일하는 10살짜리 소년이 있었습니다. 소년은 성악가가 되고 싶었지만 소년이 처음 만난 선생님은 "너는 노래에 소질이 없어. 네 목소리는 문틈으로 새어 나오는 바람소리 같아"라면서 기를 꺾어 놓았습니다.

소년의 어머니는 가난한 농부의 아내였지만 아들의 어깨를 감싸

주며 늘 칭찬을 아끼지 않았습니다.

"너는 반드시 훌륭한 성악가가 될 거야. 너는 점점 더 노래를 잘 부르고 있지 않니. 엄마는 너를 믿고 있단다."

어머니는 아들에게 음악 공부를 시키려고 열심히 일했습니다. 어머니의 칭찬과 격려는 소년의 운명을 바꾸어 놓았습니다. 이 소년의 이름은 엔리코 카루소, 당대 최고의 테너 오페라 가수였습니다.

19세기 초 런던의 한 젊은이는 작가가 되기를 열망했습니다. 하지만 그의 환경은 절망적이었습니다. 초등학교 4학년까지 다닌 것이 학력의 전부였고, 아버지는 빚을 갚지 못해 경찰서 유치장에 가는 것이 일이었고, 배고픔의 고통을 자주 맛보아야 했습니다.

겨우 일자리를 하나 얻었는데, 그것은 어두운 창고에서 구두약통에 상표를 붙이는 일이었습니다. 창고에는 쥐가 득실댔고 빈민가를 떠돌아다니는 부랑아 두 명과 함께 음침한 다락방에서 잤습니다.

그는 자신의 글 솜씨에 자신감을 갖지 못했기 때문에 모두들 잠든 한밤중에 자신의 첫 작품을 한 출판사에 가져다 놓았습니다. 출판사에서는 계속해서 그의 원고를 퇴짜 놓았습니다. 그러다 마침내 작품 하나가 빛을 보게 되었습니다. 원고료는 한 푼도 못 받았으나 편집자로부터 칭찬의 말을 들었습니다. 그를 인정한 것입니다. 이 젊은이는 너무나 감격한 나머지 두 뺨 위로 눈물을 흘리면서 거리를 돌아다녔습니다.

자신의 원고가 최초로 발간되고 이 젊은이가 받은 칭찬과 인정은 그의 전 생애를 바꾸어 놓았습니다. 만일 그런 일이 없었다면 그는 일생 동안 창고 속에서 살았을지도 모릅니다. 당신도 그의 이름을 들어 보았을 것입니다. 그의 이름은 다름 아닌 찰스 디킨스입니다.

　비난 대신에 칭찬을 하는 것은 B. F. 스키너의 기본 교육 개념입니다. 저명한 행동심리학자인 스키너는 동물과 인간을 대상으로 한 실험을 통해 비난을 줄이고 칭찬을 많이 하는 환경에서는 동물이나 사람들의 장점이 살아나고, 좋지 못한 단점은 관심을 가지지 않음으로 인해 사라진다는 것을 입증하였습니다.

　노스 캐롤라이나의 록키 마운트에 사는 존 링켈스포는 자녀들에게 이 방법을 사용했습니다.

　대부분 부모들은 자녀들과 대화를 나눌 때 일방적으로 잔소리를 하는 경우가 많습니다. 그러면 잔소리를 들은 아이들은 물론 잔소리를 한 부모까지도 기분이 나빠지게 됩니다.

　"우리는 아이들의 잘못에 대해 잔소리를 하는 대신에 칭찬을 해 보기로 결심했습니다. 처음에는 칭찬하는 일이 너무 어려웠습니다. 아이들이 잘못하는 것만 눈에 띄었기 때문이지요. 간신히 몇 가지 칭찬거리를 찾아냈습니다. 아이들은 칭찬을 매우 좋아했습니다. 심지어는 칭찬을 받기 위해 좋은 일을 하려고 애쓰더군요. 그러는 사이에 나쁜 버릇들이 없어지고, 다른 결점들도 사라지기 시작했지요. 이젠 더 이상 아이들을 나무랄 필요가 없어졌답니다."

이 모든 변화는 아이들이 나쁜 짓을 할 때마다 비난하기보다는 그들이 조금이라도 나아진 것에 대해 칭찬해 준 결과입니다. 이 방법은 가정은 물론 직장에서도 적용할 수 있습니다.

키드 로퍼는 캘리포니아의 우드랜드 힐즈에서 인쇄소를 경영하고 있었습니다. 어느 날 로퍼는 자신의 인쇄소에서 매우 품질이 뛰어난 인쇄물을 보게 되었습니다. 그 인쇄물을 찍어낸 사람을 알아보니, 회사 일에 적응 하느라 애를 먹고 있던 신입사원이었습니다. 그런데 그 신입사원을 담당했던 관리자는 그의 부정적인 작업 태도에 불만을 가져 그를 해고시킬 생각이었습니다.

이런 사실을 안 로퍼는 직접 그 신입사원을 만나서, 자기가 받아 본 인쇄물을 보고 기분이 매우 좋았다는 말과 함께, 최근에 제작된 인쇄물 중에서 가장 뛰어난 것이라고 칭찬을 했습니다. 그리고 그 인쇄물이 어떤 점에서 뛰어난지 구체적으로 이유를 말해 주었고, 그 신입사원이 회사에 기여하는 바가 매우 크다는 점을 알려 주었습니다.

얼마 지나지 않아 그는 완전히 다른 사람이 되었습니다. 동료들에게 사장과 나눈 대화를 이야기하면서, "이 회사에 좋은 것을 볼 줄 아는 훌륭한 사람이 있다"고 자랑했습니다. 이 신입사원은 충성스럽고 헌신적인 사원으로 변했습니다.

로퍼는 신입사원을 그저 칭찬한 것이 아니었습니다. "자네, 참 잘했네"라고 말한 것 뿐만 아니라, 구체적으로 무엇을 잘했는지 지적하면서 제작물이 뛰어났음을 말해 주었습니다. 사람은 누구나 칭찬받기를 좋아합니다. 하지만 칭찬은 구체적이며 증거가 있을 때 진지하게 가슴에 와 닿는 법입니다.

명심하세요. 사람은 모두 감사와 인정을 갈망하고 있으며, 그것을 위해서라면 무슨 일이든 합니다. 하지만 위선이나 아첨을 원하는 것은 아닙니다.

이 책에 나오는 원칙들은 진정으로 마음에서 우러나오는 행동으로 실천해야 효과가 있습니다. 나는 이 책에서 잔꾀에 대해 이야기하고 있는 것이 아니라, 인생을 살아가는 새로운 방법에 대해서 말하고 있는 것입니다.

당신과 내가 만나는 사람들의 숨겨진 보물(장점)을 찾아내어 그것을 진정으로 칭찬할 수 있다면, 우리는 사람들을 변화시키는 것 이상의 일을 할 수 있습니다. 사람들을 거듭나게 할 수 있습니다.

과장이라고요? 우리 시대의 뛰어난 심리학자이며 철학자인 윌리엄 제임스의 말을 들어 봅시다.

> "우리의 가능성에 비하면 우리는 절반만 깨어 있다. 우리의 신체적, 정신적 능력의 극히 일부분만을 사용하고 있을 뿐이다. 다시 말해서 인간은 자신의 능력 한계에 훨씬 못 미치는 삶을 살고 있다. 인간은 무한한 능력을 소유하고 있으나 습관적으로 이 능력을 사용하지 못하고 있다."

그렇습니다. 이 책을 읽고 있는 당신은 습관적으로 사용하지 못하고 있는 여러 가지 능력을 지니고 있습니다. 그 능력 중의 하나는 다른 사람을 칭찬하여, 그로 하여금 자신의 잠재력을 깨닫게 해주는 마법의 능력입니다. 잠재력은 비난을 받으면 시들지만 격려를 받으면 찬란히 꽃을 피우는 법입니다.

원칙 27 〉〉〉〉 Summary

사람들을 성공으로 이끄는 법
사람을 성공시키는 방법을 알고 싶나요?
만일 당신이 상대방을 변화시키기를 원한다면,
아주 작은 진전에도 칭찬을 아끼지 마세요.
이때의 칭찬은 마음에서 우러난 구체적이고 진심어린 것이어야 합니다.
모든 진전에 칭찬함으로써, 우리는 상대방의 내면에 숨어 있는 잠재력을 깨닫게 하여 감동을 줄 수 있을 것입니다.
이 원칙의 중심에는 사랑이 있어야 합니다.
사랑은 시간을 함께 나누는 것이랍니다.
'사랑은 먹구름 속에 피어나는 무지개와 같습니다'
'사랑한다'는 말도 처음에는 어색하지만 의식적으로 계속하다보면 습관화되어 자연스러워집니다. 칭찬도 아낌없이 하다보면 언젠가는 찬란히 꽃을 피우게 됩니다. 가족들이나 직원들과 함께 대화하는 시간을 자주 가지면서 그들의 진전에 대해 칭찬해 주세요.
"칭찬은 인간의 영혼을 따뜻하게 해주는 햇볕과 같다."

행동으로 옮겨 보세요 〉〉〉〉 Move Into Action

매월 27일에는 어린아이의 마음으로 돌아가서 당신이 관계 맺고 있는 사람들을 격려하는 칭찬의 시간을 가져 보세요.
인간의 잠재력은 비난 속에서 시들고 격려 속에서 피어나는 꽃이랍니다. 사람을 성공시키고 사람의 마음을 사로잡는 방법은, 비록 사소한 일이라도 아낌없이 칭찬을 해주는 것입니다.
"아주 작은 진전에도 아낌없이 칭찬을 해주어라."

원칙 28 — 상대방에게 훌륭한 명성을 갖도록 해주어라

Give the other person a fine reputation to live up to

> 평판 중에서 가장 중요한 것은 리더의 신용이다.
> 당신이 그들을 신뢰하고 존경하고 있다고 느끼면,
> 그들은 그 신뢰와 존경에 걸맞게 되기 위해 열심히 일할 것이다.
> ─ *2분 명상*

사람들을 잘 이끌기 위해서는 그들이 존경을 받고 있으며 당신이 그들의 능력을 존경하고 있다는 사실을 보여 주어야 합니다.

셰익스피어는 이렇게 말했습니다.

"덕이 없어도, 덕이 있는 듯이 행동하라."

이 말은 당신이 지닌 장점이 없으면, 장점을 가진 것처럼 생각하라는 의미입니다. 상대방에게 장점을 발휘하게 하려면, 그가 그 장점을 가지고 있는 것처럼 자주 말해 주세요. 좋은 평판을 듣게 되면, 그들은 결코 당신 기대에 어긋나지 않도록 노력할 것입니다.

조제트 르블랑은 그녀의 저서 『메터링크와 함께 한 내 생애의 선물』에서 벨기에 출신의 신데렐라에 대해 다음과 같이 쓰고 있습니다.

우리 집 근처 호텔에서 일하는 심부름꾼 소녀가 내 식사를 배달해 왔다. 그 소녀는 '접시닦이 마리'였는데, 그런 호칭은 그녀가 허드렛일을 거드는 일을 했기 때문이었다. 소녀는 사팔뜨기에다 다리가 바깥쪽으로 굽어 있었으며 피부도 거칠었다.

하루는 그 아이가 부르튼 손으로 마카로니 접시를 들고 왔을 때 나는 이렇게 말했다. "마리야, 넌 네 안에 지니고 있는 보배로운 것들을 잘 모르고 있구나." 마리는 자신이 잘못이라도 한 듯 꼼짝 않고 서 있었다. 잠시 뒤 식탁 위에 접시를 놓고 가슴을 펴고는 천진스럽게 말했다. "마님, 마님이 말해 주지 않았으면 저는 그것을 정말 몰랐을 거예요." 마리는 의심하거나 의문을 제기하지 않았다.

신념의 힘이란 바로 이런 것이다. 그 날 이후 마리는 자신의 가치를 인정했다. 그리고 더욱 신비한 변화는 마리 자신에게 일어났다. 감춰진 보물이 자기 안에 있다고 믿게 되자, 그녀는 얼굴과 몸을 정성스럽게 가꾸었다. 그녀의 몸에 젊음이 꽃피고 못 생긴 얼굴도 밝아지기 시작했다. 불과 두 달 후 마리는 주방장의 조카와 결혼을 하면서 이런 말을 했다. "저도 이제는 숙녀가 될 거예요. 제 안의 보물을 알게 해주셔서 감사해요." 작은 칭찬 한 마디가 그 소녀의 인생을 바꿔놓은 것이다.

플로리다 주 데이토나 비치에 있는 한 식품회사의 영업대표인 빌

파커는 신상품 출시로 매우 기분이 좋았습니다. 하지만 대형 식료품점에서 그것을 취급하지 않겠다는 말을 듣고는 속이 상했습니다. 빌은 퇴근 후 그 가게에 들러 다시 알아보기로 했습니다.

"사장님, 오늘 아침에 여기를 다녀간 뒤 저희 신상품에 대해 충분히 설명하지 못했다는 것을 알게 되었습니다. 저는 사장님이 다른 사람의 말을 기꺼이 경청할 뿐만 아니라, 근거가 뚜렷하면 자신의 생각도 바꿀 수 있을 만큼 큰 인물이라는 점을 존경해 왔습니다. 제가 아침에 설명하지 못했던 점을 이야기할 수 있게 시간을 내주시면 고맙겠습니다."

그 사장이 그의 제안을 거절했을까요? 자신에 대해 그처럼 좋은 평가를 들었는데 어떻게 거절할 수 있겠습니까?

뉴욕에 사는 어네스트 젠트 부인은 넬리라는 베이비시터를 고용하여 월요일부터 일을 시켰습니다. 그녀는 넬리의 전 고용주에게 전화를 걸어, 넬리에게 다소 결점이 있다는 것을 알았습니다. 약속한 날짜에 넬리가 찾아오자, 부인은 그녀에게 이렇게 말했습니다.

"반가워요, 넬리. 그저께 당신이 일했던 집주인에게 전화를 걸어 당신에 대해 물어 보니 매우 정직하고 신뢰할 수 있으며, 요리 솜씨도 좋고 친절하게 아이들을 잘 돌본다고 하더군요. 당신이 입고 있는 옷가지가 깨끗하고 정결한 것만 보아도, 당신이 그 몸가짐처럼 집안 청소 또한 깨끗하게 해주리라 믿고 있어요. 우리들은 서로 잘 맞을 것 같군요."

두 사람은 매우 잘해 나갔습니다. 넬리는 부인이 자기에게 기대를 걸고 있다고 생각했기 때문에, 그 기대에 어긋나지 않기 위해 열심히 일했습니다.

"개에게 나쁜 이름을 지어 주느니, 차라리 그 개의 목을 매다는 편이 나을 것이다"는 속담이 있습니다. 반대로 좋은 이름을 붙여주면 어떤 일이 벌어지게 될까요?

뉴욕 시 브루클린에서 새로 4학년 담임을 맡은 루스 홉킨스 선생님은 자기 학급의 명단을 받아보고는 걱정이 앞섰습니다. 말썽꾸러기로 소문난 토미가 자기 반에 배정되었기 때문입니다. 토미의 3학년 담임선생님은 다른 선생님들에게 토미에 대한 험담을 늘어놓았습니다. 토미는 단순한 말썽꾸러기가 아니었습니다. 남자친구들에겐 싸움을 걸고 여자친구들에겐 골탕을 먹였습니다. 게다가 선생님에게 대드는 일도 많았습니다. 토미가 지닌 유일한 장점은 학교에서 배운 것을 빨리 익힌다는 것이었습니다. 홉킨스 선생님은 토미 문제를 정면으로 부딪쳐서 해결하기로 결심했습니다.

자기반 학생들과 처음 인사를 하는 자리에서 홉킨스 선생님은 모든 학생들에게 한 마디씩 칭찬을 했습니다.

"로즈야, 입고 있는 옷이 참 예쁘구나."

"알리샤야, 넌 그림을 잘 그린다면서?"

토미의 차례가 되었을 때, 홉킨스 선생님은 토미의 눈을 똑바로 쳐다보며 이렇게 말했습니다.

"토미야, 너는 타고난 리더지? 이번에 우리 반이 4학년에서 최고의 반이 될 수 있도록 네가 선생님을 도와주지 않겠니?"

홉킨스 선생님은 처음 며칠 동안 토미가 하는 일마다 칭찬을 해주고 모범적인 학생이라고 추켜세우기도 하였습니다. 그런 높은 평가를 받자, 토미는 비록 아홉 살에 불과했지만 선생님을 실망시킬 수가 없었습니다. 토미는 선생님의 기대를 만족시켜 주었던 것입니다.

원칙 28 〉〉〉〉 Summary

최선을 다하게 하는 방법
귀여운 강아지를 키우고 있나요? 개에게도 좋은 이름을 지어 주어야 합니다.
상대방에게 훌륭한 명성을 갖도록 해주세요.
그러면 그는 당신을 실망시키지 않기 위해 최선을 다할 것입니다.
직원이 자신의 일에 부담을 가지고 마지못해서 일하거나, 일을 만족스럽지 못하게 한다면, 당신은 그를 해고시키거나 야단칠 수도 있겠지요.
이때 상대방의 반감을 사지 않고 문제를 바르게 해결할 수 있는 방법은
상대방에게도 당신이 계발시켜 주고 싶은 장점이 있다고 가정하고, 그것에 대해 자주 말해 주는 것입니다.
에머슨의 말을 들어볼까요?
"훌륭한 명성은 젊은이들에게 광채를 주고, 노인에게는 위엄을 가져다 준다."

행동으로 옮겨 보세요 〉〉〉〉 Move Into Action

매월 28일에는 상대방을 인정해 주는 날로 정하세요.
상대방이 좋은 직원임을 인정해 줌으로써, 그들은 다음 업무에서 훌륭한 명성을 얻게 될 것입니다.
상대방에 대한 진심어린 기대는 사람의 마음을 사로잡을 수 있습니다.
"상대방에게 훌륭한 명성을 갖도록 해주어라."

원칙 29. 격려해 주어라. 잘못은 쉽게 고칠 수 있다는 것을 느끼게 하라

Use encouragement. Make the fault seem easy to correct

> 누군가가 어떤 태도나 행동을 고칠 수 있는가는
> 스스로가 변화를 얼마나 어렵다고 생각하는가에 달려 있다.
> 당신은 이 원리를 이용하여 그들을 도울 수 있다.
> ― *2분 명상*

내(데일 카네기) 친구 중에, 독신으로 살다가 40에 들어서 약혼을 하게 된 친구가 있었습니다. 그는 약혼녀의 권유로 댄스 교습을 받게 되었습니다.

"나도 댄스 교습을 받아야 한다는 것쯤은 알고 있었네. 20년 동안 한 번도 배워 본 적이 없었기 때문에 새로 배워 둘 필요는 있었지. 처음 찾아간 댄스 강사는 내 춤이 형편없다고 말했어. 아마 그것은 사실이었을 거야. 그는 이전 것은 다 잊어버리고 새로 시작해야 한다고 했다네. 나는 배울 의욕을 상실했고 그 강사에게 배우는 것을 포기했지.

두 번째로 찾은 강사는 내게 거짓말을 하는 것 같았지만, 그래도 기분은 좋았어. 그는 내 춤이 다소 구식이기는 하지만 기본은 갖추어져 있으므로, 새로운 스텝도 쉽게 배울 수 있을 거라고 했네.

첫 번째 강사는 나의 결점을 강조해서 실망을 주었지만, 두 번째 강사는 내가 잘하는 것은 칭찬해 주고 결점에 대해서는 별 말이 없었다네. 심지어 이렇게 말하기도 했지.

'선생님은 리듬 감각이 뛰어나시군요. 정말 타고난 댄서예요.'

물론 옛날이나 지금이나 내가 일류 댄서로 성장할 수 있다고 생각해 본 적은 없었다네. 하지만 마음 한구석에서는 '강사의 말이 맞을지도 몰라'라고 믿고 싶었지. 이미 나는 수강료를 내고 있었고 기분이 좋은 것은 어쩔 수 없었다네.

어쨌든 타고난 리듬 감각이 있다는 말을 들은 이후에 나의 댄스 실력은 능숙해져 갔다네. 그 말이 나를 격려하고 희망을 주었고, 더 잘하고자 하는 의욕이 생겨나게 된 거지."

당신의 자녀, 배우자, 직원에게 재능이 없으며 하는 일이 모두 잘못되어 있다고 말해 보십시오. 그 말에 그들은 모든 의욕을 상실하게 될 것입니다.

반대로 아낌없이 칭찬하고 격려해 보십시오. 그들은 능히 해낼 수 있으며 당신은 그것을 믿고 있다고 말해 보십시오. 그들 내부에 아직 개발되지 않은 잠재력이 있다고 말해 보십시오. 그들은 자신의 우수한 능력을 보여 주기 위해 최선을 다할 것입니다.

인간관계에 탁월한 재능을 지녔던 로웰 토머스는 이런 방법으로 사람들에게 자신감을 불어넣어 주고 용기와 신념을 갖도록 격려했습니다.

나는 토머스 부부와 주말을 보낸 적이 있었습니다. 토요일 저녁 활활 타오르는 벽난로 앞에서 브리지 게임을 하자는 권유를 받았습니다. 나는 브리지 게임을 할 줄 몰랐습니다.

"여보게, 데일 무슨 소리야? 브리지 게임은 아주 간단해. 그저 기억력과 판단력만 있으면 돼. 자네는 기억력에 대한 책까지 쓴 적이 있지 않은가. 자네에게는 안성맞춤이지."

나는 무엇을 하는지 생각할 겨를도 없이 난생 처음으로 브리지 게임을 하고 있었습니다. 순전히 나에게 재능이 있을 거라는 말과 쉽게 배울 수 있다는 격려 때문이었습니다.

브리지 게임이라면 일라이 컬버트슨이 생각납니다. 그가 브리지 게임에 관해서 쓴 책은 10개 국의 언어로 번역되었고 백만 부 이상이 팔렸습니다. 그에게 한 젊은 여성이 '당신은 브리지 게임에 뛰어난 재능이 있다'고 말해 주지 않았더라면, 그는 결코 브리지 선수가 되지 못했을 것입니다.

컬버트슨은 1922년 미국에 처음 왔을 때 철학과 사회학을 가르치는 교사가 되려 했으나 실패했습니다. 그래서 석탄 장사를 해보았으나 마찬가지로 쓴맛을 보았습니다. 브리지 게임을 몇 번 했지만 자신이 브리지 선수가 될 줄은 꿈에도 몰랐습니다.

브리지 게임이 서툴 뿐만 아니라 게다가 몹시 고집이 셌습니다. 게임을 하면서 수없이 질문을 해대고, 게임이 끝난 후에도 게임의 원인을 오랫동안 분석하곤 했기 때문에 아무도 그와 브리지 게임을 하려고 하지 않았습니다.

그러던 그가 아름다운 브리지 선생인 조세핀 딜론을 만나 사랑에 빠져 그녀와 결혼을 했습니다. 조세핀은 컬버트슨이 카드를 세밀하게 분석하는 것을 지켜보고는, 그에게 뛰어난 소질이 있다고 말해 주었습니다. 컬버트슨은 그 격려로 유명한 브리지 게임 선수가 되었습니다.

오하이오 주 신시내티에서 카네기 코스의 강사로 있는 클레렌스 M. 존스는 격려와 '잘못을 고치기 쉬운 것으로 보게 하는 것'이 그의 아들 데이비드의 인생을 어떻게 바꾸어 놓았는지에 대해 다음과 같이 말했습니다.

"1970년 당시 15살이던 데이비드가 나와 함께 살기 위해 신시내티로 왔습니다. 그 아이는 어린 나이에도 불구하고 온갖 어려움을 겪고 있었습니다. 1958년에 교통사고로 머리에 수술을 하고 이마에 큰 흉터가 남아 있습니다.

1960년에 아내와 이혼을 하는 바람에 데이비드는 어머니를 따라 댈러스로 갔습니다. 15세가 될 때까지 지진아를 위한 특수학교에서 생활했습니다. 아이의 머리 흉터로 보아 뇌가 정상적이지 않아 학습에 장애가 있을 거라고 판단했던 것입니다. 데이비드는 같은 또래 아이들보다 2년 아래 학급에 속해 있어서, 15세인데도 중학교 1학년이었습니다. 곱셈도 못하고 손가락으로 덧셈을 했으며 책도 읽지 못했습니다.

한 가지 장점은 데이비드가 라디오나 TV 만지는 것을 좋아한다는 거였죠. TV 기술자가 되고 싶다고 하더군요. 나는 그것을 격려해 주고 기술자가 되려면 수학을 배워야 한다는 것을 말해 주었습니다. 나는 아이가 수학에 익숙해지도록 도와주었습니다.

곱셈, 나눗셈, 덧셈, 뺄셈 4개의 암기 카드를 구입해서, 매일 밤 카드의 정답을 맞추는 게임을 했습니다. 데이비드가 정답을 못 맞추면 내가 그에게 답을 알려주고, 못 맞춘 카드를 따로 쌓아 놓았다가 그 카드가 다 없어질 때까지 카드놀이를 했습니다. 나는 데이비드에게 8분 이내에 틀리지 않고 모든 카드를 다 맞출 수 있을 때까지 연습하자고 약속했습니다. 처음에는 카드를 모두 맞추는 데 52분이 걸렸습니다.

이러한 목표가 불가능한 것처럼 보였습니다. 두 번째에는 48분, 세 번째에는 45분, 44, 41…… 그리고 40분 이내로! 우리는 시간이 줄어 들 때마다 축하를 했습니다. 아내도 불러 함께 기뻐하고 춤을

추었습니다. 한 달 후 데이비드는 8분 만에 모든 카드의 정답을 맞추게 되었습니다. 차츰 배우는 것이 쉽고 재미있다는 것을 알게 되었습니다.

데이비드의 수학 점수는 놀라울 정도로 높아졌습니다. 데이비드는 수학에서 B학점을 받자 스스로도 깜짝 놀랐습니다. 다른 과목의 성적도 믿을 수 없을 정도로 올라갔습니다. 독서 능력도 향상 되었고, 그림에도 탁월한 재능을 나타냈습니다. 중학교 1학년이 끝날 무렵에 과학 교사가 데이비드에게 과학 전시회에 작품을 내보라고 권유했습니다. 데이비드의 작품은 교내 전시회에서 1등을 하고, 신시내티 전체 과학 전시회에서도 3등을 했습니다.

데이비드는 드디어 해낸 것입니다. 뇌에 손상을 입어 지진아 학급에 보내졌던 아이가, 이마의 흉터 때문에 프랑케슈타인으로 놀림 받던 아이가 정상적인 아이들을 제치고 상을 받은 것입니다.

데이비드는 자기가 배울 수 있고 성취할 수 있는 일이 있다는 것을 알게 되었지요. 그 결과 중학교 2학년 2학기부터 고등학교를 마칠 때 까지 한 번도 우등상을 놓치지 않았습니다. 고등학교 때 데이비드는 전국우등생협회의 회원으로 선출되었습니다.

배우는 것이 쉽고 즐겁다는 것을 알게 되자, 아들의 인생은 변한 것입니다."

원칙 29 〉〉〉〉〉 Summary

실수와 약점을 쉽게 극복할 수 있다고 격려하라
타인의 마음을 사로잡는 비결은 타이밍에 맞게 아낌없이 격려하고 자신감을 갖게 만드는 일입니다.
당신의 자녀나 배우자 그리고 직원에게 그들이 무능력하고 하는 일이 모두 잘못되어 있다고 말한다면, 그들은 의욕을 상실하게 됩니다.
그 반대의 방법을 사용해 보세요!
격려를 아끼지 말고, 그들이 그 일을 할 수 있는 능력을 가지고 있음을 믿고 있다는 것을 알려 주세요.
그리고 그들에게 잠재된 능력이 있다고 말한다면, 그들은 자신의 우수성을 보여주기 위해서 성공할 때까지 꾸준히 그 일을 해나갈 것입니다.
에머슨은 이렇게 말했습니다.
"가장 강하고 가장 뛰어난 사람만이 반드시 인생의 싸움에서 승리하는 것은 아니다. 최후의 승리를 거두는 자는 '나는 할 수 있다'고 생각하는 사람이다."
약자는 기회를 기다리지만, 강자는 기회를 만들어 갑니다.
격려를 통해 자기능력에 자신감을 갖도록 해 주세요. 항상 아래의 문구를 마음 속에 간직하면서 말하게 한다면 강한 사람으로 변화시킬수 있답니다.
"나는 매일매일 모든 면에서 점점 더 좋아지고 있다."

행동으로 옮겨 보세요 〉〉〉〉 Move Into Action

매월 29일에는 흔들의자에 앉아 자신을 되돌아보는 시간을 가져 보세요.
흔들의자가 한 번 흔들릴때마다 '격려'라는 단어를 떠올려 보세요.
상대방에게 '약점은 쉽게 극복할 수 있는 것'이라고 격려를 해주어야 합니다.
상대방의 실수를 강조함으로써 의욕을 꺾어 버려서는 안 되겠죠?
진정으로 다른 사람이 발전하도록 도와주길 원하시나요?
그렇다면 잘하는 것과 진전된 성과에 대해서 항상 칭찬해 주고 그의 가능성을 격려해 주세요.
"격려해 주어라. 약점은 쉽게 극복할 수 있다고 말해주라."

원칙 30 당신이 제안하는 것을 상대방이 기꺼이 하도록 만들어라

Make the other person happy about doing the thing you suggest

> 뭔가를 상대방에게 제안할 경우,
> 그것을 받아들일 때 상대방이 얻게 될 이익을 알려 주면
> 상대방은 그 일을 기꺼이 하게 될 것이다.
>
> ─────────────── *2분 명상*

우드로 윌슨 대통령이 윌리엄 깁스 맥아두를 각료로 입각시킬 때의 일입니다. 그는 맥아두에게 상대방의 중요성을 배가시키는 그러한 방법을 사용했던 것입니다.

맥아두는 당시의 일을 다음과 같이 회상했습니다.

"윌슨 대통령은 지금 내각을 구성 중인데 내가 재무장관을 맡아 준다면 더할 나위 없이 기쁘겠다고 말했다. 실로 호감 가는 표현이었다. 이 명예로운 자리를 맡는 것만으로 나는 누구에겐가 은혜를 베푸는 것과 같은 기분이 들었다."

그러나 불행하게도 윌슨 대통령이 항상 이러한 방법을 사용한 것은 아니었습니다. 그가 이러한 방법을 일관되게 사용했다면, 역사는 크게 달라졌을지도 모릅니다. 예를 들어 윌슨 대통령은 국제연맹 가입 문제에 있어 상원을 화나게 하고 공화당을 무시했습니다.

인간관계를 생각하지 않은 이러한 방법은 결국 그 자신의 실각을 가져오게 했고, 그의 건강을 해쳐 수명을 단축시켰으며, 미국의 국제연맹 가입이 좌절되어 세계의 역사를 뒤바꿔 놓았던 것입니다.

내가 알고 있는 어떤 사람은 친구나 지인이 강연을 청탁할 때 항상 거절을 하는데도 그의 거절 방법은 매우 현명하여 거절당한 측에서도 아쉽지만 만족해 합니다. 그는 어떻게 거절하는 것일까요?

자신이 바쁘다는 등의 변명을 늘어놓지는 않습니다. 강연 의뢰는 감사하지만 그것을 받아들이지 못해 유감이며, 그 대신 다른 강연자를 추천하겠다고 말합니다. 상대방이 그가 거절한 것에 대해서 불쾌한 생각을 가질 틈을 주지 않는 것이죠.

군터 슈미트는 서부 독일에서 카네기 코스에 참여한 사람입니다. 그는 대형 식료품점을 경영하고 있었는데, 한 종업원에 대한 이야기를 발표했습니다.

"그 종업원은 진열된 선반 위의 상품에 가격표를 제대로 붙이지 않아 혼란을 일으켰고, 손님들의 불평을 들었습니다. 몇 번의 경고

와 주의를 줘도 소용이 없었습니다. 슈미트는 결국 그 종업원을 사무실로 불러 전체 점포의 '가격표 부착 감독주임'으로 임명한다고 말했습니다. 이러한 새로운 책임과 직함으로 인해, 그녀의 태도는 완전히 바뀌어 가격표를 부착하는 자신의 임무를 충실히 수행했습니다."

어린애 장난 같은 짓이라고요? 나폴레옹도 '레종 도뇌르' 훈장을 만들어 1만 5,000명의 병사들에게 수여하고, 장군 가운데 18명을 '프랑스 대원수'로 임명했습니다. 역전의 용사들을 장난감으로 속였다는 비난을 받게 되자, 그는 태연하게 대답했습니다.

"어차피 인간의 마음은 장난감에 현혹된다."

직함이나 권위를 부여하는 방법을 나폴레옹은 아주 유용하게 사용했고, 이 방법은 우리에게도 많은 도움을 줄 것입니다.

뉴욕 스카스데일에 사는 어니스트 겐트 부인은 아이들이 함부로 잔디밭을 뛰어다니며 잔디를 망가뜨려서 고민을 하고 있었습니다. 겐트 부인은 아이들을 야단치기도 하고 달래 보기도 했으나, 아무런 소용이 없었습니다.

하루는 아이들 중에 가장 말썽꾸러기인 소년에게 '탐정'이라는 직함을 주었습니다. 그리고 잔디밭에 침입하는 아이들을 단속하는 임무를 부여했습니다. 이 방법은 부인의 두통거리를 말끔히 해결해 주었습니다. 겐트 부인의 탐정이 뒤뜰에 불을 피워놓고 밤늦게

까지 침입자를 감시했기 때문입니다.

성공하는 리더는 사람의 행동이나 태도를 변화시키고자 할 때, 다음과 같은 지침을 항상 마음속에 간직하고 있어야 합니다.

1. 성실하게 사람을 대한다. 지킬 수 없는 약속은 어떤 경우에도 하지 않는다. 자신에 대한 이익은 잊어버리고, 다른 사람에 대한 이익에 대해 집중하라.
2. 다른 사람이 무엇을 하기를 원하는지 정확하게 알고 있어야 한다.
3. 다른 사람의 감정에 공감한다. 다른 사람이 진정으로 원하는 것이 무엇인지 자신에게 물어 보라.
4. 내가 제안하는 일을 함으로써 상대방에게 어떤 이익이 돌아가는지를 생각하라.
5. 그러한 이익을 상대방의 소망과 일치시키도록 하라.
6. 부탁을 할 때는 그 일을 함으로써 그 사람에게 이익이 돌아간다는 사실을 암시하라.

사람들은 뭔가 명령을 내릴 때 다음과 같이 퉁명스럽게 말하곤 합니다.

"존, 내일 손님들이 찾아오니 창고를 청소해야겠네. 청소를 깨끗이 하고 물건도 제대로 정리해야 해. 그리고 카운터도 깨끗이 청소해 둬."

이러한 말은 그 일을 함으로써 상대가 얻게 될 이익까지 포함해서 다음과 같이 표현할 수 있습니다.

"존, 지금 당장 해야 할 일이 있네. 지금 이 일을 해두면 나중에 일할 수고를 덜 수 있을 걸세. 내일 우리 점포에 손님들이 찾아오는데 창고도 보여 줄 생각이네. 그런데 창고가 너무 지저분한 것 같아. 자네가 청소도 하고 물건도 깨끗이 정리해 둔다면 손님에게 좋은 인상을 줄 것이고, 우리 점포의 이미지뿐만 아니라 자네의 이미지도 좋아질 것일세."

이렇게 말하면 존이 신나게 일할까요? 아마 크게 기뻐하지는 않겠지만 좀더 의욕을 가질 수 있을 것입니다. 만일 존이 청결한 창고를 자랑으로 생각하고 점포의 이미지 향상에 관심을 갖고 있다면, 그는 일에 더욱 협조적일 것입니다. 또한 그에게 어차피 해야 할 청소이므로 지금 해두면 나중 수고를 덜 수 있다는 혜택도 일할 마음을 생기게 할 것입니다.

이러한 방법이 항상 우호적인 반응을 얻는 것은 아니지만, 많은 사람들의 경험에 비추어 보면 이러한 방법을 사용하는 편이 그렇지 않은 경우보다 훨씬 더 효과적이었습니다. 그리고 이 방법으로 당신의 성공률을 10%라도 높일 수 있다면, 당신은 리더로서 현재보다 10% 더 유능해 지는 셈입니다.

원칙 30 〉〉〉〉 Summary

즐거운 마음으로 협력하게 만들어라
오늘로서 드디어 '리더가 되라' 의 마지막 30번째 원칙입니다.
훌륭한 지도자는 사람의 행동이나 태도를 변화시킬 필요를 느꼈을 때, 자신에 대한 이익은 잊어버리고, 다른 사람에 대한 이익에 집중합니다.
당신이 제안하는 일을 함으로써 상대방에게 어떤 이익이 돌아가겠는지를 생각해 보세요.
그리고 그러한 이익을 상대방의 소망과 일치시키세요.
당신이 요구하는 일을 함으로써, 나의혜택보다는 그 사람에게 이익이 돌아간다는 것을 암시하는 방법으로 말해 보세요.
지금까지 자연의 이치로 1일~30일에 해당하는 〈카네기 인간관계 30가지 원칙〉을 실천하면서 배워왔습니다.
이 원칙을 날짜별로 매일 적용해 나간다면 1년동안 12번을 실천하게 됩니다.
그렇게 되면 자연스럽게 습관화되면서 체득화 되는 것이지요.
마지막으로 드리고 싶은 말은 처음엔 잘 되지 않더라도 '의식적인 실천' 을 해 보라는 것입니다. 중요한 것은 Learning by Doing입니다.
자연의 이치를 닮은 〈카네기 인간관계 30가지 원칙〉을 통해 여러분은 친구를 사귀고, 설득력있게 사람들에게 영향력을 미치는 품격있는 리더가 될 수 있습니다.
"우리의 인생은 생각 그 자체 입니다."
카네기 코스에 도전해 보세요!

행동으로 옮겨 보세요 〉〉〉〉 Move Into Action

매월 30일은 문화의 날로 정해 연극과 오페라 관람을 해보세요.
배우는 청중이 얻게 될 즐거움을 생각하면서 연기에 최선을 다할 것입니다.
여러분도 나의 이익보다는 상대방이 얻게 될 이익을 생각해 보세요.
상대방이 얻게 될 이익을 고려하고 그것을 알려 줌으로써, 상대방은 즐거운 마음으로 일하게 될 것입니다.
"당신이 제안하는 것을 상대방이 기꺼이 하도록 만들어라."

데일카네기 이야기
About Dale Carnegie

미주리주 북서쪽에서 1912년 뉴욕에 도착한 젊은 카네기는 무엇을 하면서 살까에 대해서 궁리를 했다. 그는 마침내 125번 가에 있는 YMCA에서 저녁에 성인들에게 대중연설을 가르치는 직업을 얻었다.

카네기는 후에 썼다. "처음에 나는 화술에 관한 강의만을 했다. 이 코스는 성인을 위한 것이었는데 그들이 비즈니스 인터뷰를 할 때나 청중 앞에서 그들의 경험을 통해서 스스로 생각하고 더 명확하게 표현하고 더욱 더 효과적으로 보다 안정감을 갖고 말하기 위한 훈련이었다. 시간이 지남에 따라 나는 성인들에게 효과적인 연설에 대한 훈련처럼 매일 직장과 사회생활에서 접촉해야 하는 사람들과 잘 지내는 훈련도 필요하다는 것을 깨달았다."

그래서 카네기는 그의 코스에 몇 가지 기본 인간관계 기술을 포함 시켰다. 당시에는 교재도 없었고 시간표도, 인쇄된 가이드도 없었다. 그러나 그는 세상에서 인간관계를 잘 하기 위한 실질적인 기술들을 축적해 나갔고 이러한 기술을 매일 실험했다. 15년 간의 심혈을 기울인 실험 끝에 카네기는 이 모든 인간관계 원리를 한 권의 책으로 발간했다. 1936년에 출간된 책 카네기 인간관계론(원제 : How To Win Friends And Influence People)은 카네기의 성공적인 인간관계 원리를 제시해 주고 있다.

'카네기 인간관계론'은 5천여 만 부가 팔려 출판사상 가장 많이 팔린 책 중의 하나가 되었다. 이 책은 여러 나라말로 번역되었으며 오늘 날 까지도 꾸준히 팔리고 있는 고전이 되었다.

카네기는 그의 인간관계 원리를 전파하기 위해 데일 카네기 연구소를 설립하였는데 전 세계에 많은 사람들이 그의 원리를 배우려고 하였다. 그는 데일 카네기 코스 강사를 양성하였고 인간관계에 관한 책을 두 권 더 썼다.

카네기 스피치& 커뮤니케이션(원제 : The Quick And Easy Way To Effective Speaking), 카네기 스트레스 매니지먼트(원제 : How To Stop Worrying And Start Living) 이 책 두 권 모두 베스트 셀러가 되었으며 그의 지식과 경험이 깊어짐에 따라 여기에 보조를 맞추기 위하여 몇 번이고 개정되어 왔다. 오늘날 데일 카네기 코스는 1912년이래 미국 1000여개의 도시와 전 세계 80여개국에서 25개 언어로 번역되어 매년 실시되고 있다. 카네기 연구소 조직은 계속 성장해서 현재는 포춘(Fortune) 500대기업 중 420여개의 기업에 카네기 프로그램을 제공하고 있으며 교육기관으로 ISO 9001 인증(과정개발, 과정진행, 교육효과 등)을 받았다.

엄격한 강사관리에 의한 세계적인 교육기법과 그 효과가 인정을 받아 모토

롤라 University에서 실시하는 서베이 결과 전 세계적으로 96%이상의 만족도를 보이고 있는 트레이닝이다.

국내에는 1992년 카네기 연구소가 설립되어 800여 이상의 기업에서 도입하고 있으며 매년 수 천명을 성공적인 행복한 삶으로 이끌고 있다. 한국 카네기 연구소는 1992년이래 인간경영, 성과경영을 위한 카네기 프로그램을 진행하고 있으며, 최고 경영자(CEO)를 위한 〈카네기 최고 경영자 코스〉, 일반인을 위한 〈데일 카네기 코스〉, 대학생을 위한 〈리더십 커뮤니케이션 프로그램〉, 청소년을 위한 〈카네기 청소년 코스〉를 함께 진행하면서 수 많은 사람들에게 꿈! 비전! 열정을 심어주고 있다.

90여 년의 오랜 전통을 지닌 이 프로그램에 도전할 준비가 되어 있는가?

인간관계를 좀 더 쉽고 성공적으로 할 준비가 되어 있는가?

개인 생활과 직장생활을 위해서 당신이 소유한 가장 귀중한 가치를 증가시키고 싶은가?

당신의 스피치 커뮤니케이션 능력과 리더십을 발견하고 계발하고 싶은가?

그렇다면 카네기 코스에 참가해 보라!

당신의 삶에 혁신적인 변화가 올 것이다.

카네기 원칙 매월 30일 실천 체크 프로그램

(표기방법 : 생각 △ 실천 ○)

30일 실천 리스트	1월	2월	3월	4월	5월	6월	7월	8월	9월	10월	11월	12월
1. 비난이나 비판, 불평을 하지 마라												
2. 솔직하고 진지하게 칭찬과 감사를 하라												
3. 다른 사람들의 열렬한 욕구를 불러일으켜라												
4. 다른 사람에게 순수한 관심을 기울여라												
5. 미소를 지어라												
6. 당사자들에게는 자신의 이름이 그 어떤 것보다도 기분 좋고 중요한 말임을 명심하라												
7. 경청하라. 자신에 대해 말하도록 다른 사람들을 고무시켜라												
8. 상대방의 관심사에 대해 이야기하라												
9. 상대방으로 하여금 중요하다는 느낌이 들게 하라 - 단, 성실한 태도로 해야 한다												
10. 논쟁에서 최선의 결과를 얻을 수 있는 유일한 방법은 그것을 피하는 것이다												
11. 상대방의 견해를 존중하라. 결코 '당신이 틀렸다' 고 말하지 마라												
12. 잘못을 했다면 즉시 분명한 태도로 그것을 인정하라												
13. 우호적인 태도로 말을 시작하라												
14. 상대방이 당신의 말에 즉시 '네, 네'라고 대답하게 하라												
15. 상대방으로 하여금 많은 이야기를 하게 하라												
16. 상대방으로 하여금 그 아이디어가 바로 자신의 것이라고 느끼게 하라												
17. 상대방의 관점에서 사물을 볼 수 있도록 성실히 노력하라												
18. 상대방의 생각이나 욕구에 공감하라												
19. 보다 고매한 동기에 호소하라												
20. 당신의 생각을 극적으로 표현하라												
21. 도전의욕을 불러일으켜라												
22. 칭찬과 감사의 말로 시작하라												
23. 잘못을 간접적으로 알게 하라												
24. 상대방을 비판하기 전에 자신의 잘못을 인정하라												
25. 직접적으로 명령하지 말고 요청하라												
26. 상대방의 체면을 세워 주어라												
27. 아주 작은 진전에도 칭찬을 아끼지 마라. 또한 진전이 있을 때마다 칭찬을 하라. '동의는 진심으로, 칭찬은 아낌없이' 하라												
28. 상대방에게 훌륭한 명성을 갖도록 해주어라												
29. 격려해 주어라. 잘못은 쉽게 고칠 수 있다는 것을 느끼게 하라												
30. 당신이 제안하는 것을 상대방이 기꺼이 하도록 만들어라												

• 하루에 1가지 원칙을 실천해 보라! 그 진가를 직접 체험 할 것이다.

우리가 함께 하면 그것은 새로운 현실의 출발이다

새로운 미래를 생각하는
정직한 출판

진취적인 생각과 긍정적인 생활로
새로운 삶을 찾아 도전과 용기있는
변화에 도전하는 아름다운
당신의 미래 모습을 찾아드립니다.

행복한 가정 행복한 미래 - 도서출판 **모아북스**의 마음입니다.
분야 : 경제 · 경영도서 · 사보 · 각종 광고(신문잡지) · 카탈로그 · 기업 CIP 기획제작

모아북스가 참신한 원고를 찾습니다

기타 문의사항이 있으시면 연락을 주십시오
E-mail : moabooks@hanmail.net
도서출판 모아북스 독자관리팀 (Tel : 0505-6279-784)

세계적인 카네기 코스 안내

인간경영! 성과경영! 경영의 핵심입니다.
데일 카네기 코스! 누구나 수강할 수 있습니다

1. 카네기 연구소에서는 1912년 시작 90여 년 동안 인간경영 노하우와 자기계발을 통한 동기부여, 인간관계, 스피치 커뮤니케이션, 리더십, 걱정·스트레스 극복, 변화관리기법, 프레젠테이션 기법 등의 훈련을 통해 당신을 어떤 상황에서도 자신감과 열정이 넘치는 리더로 변화시켜 드립니다.

2. 교육과정

전문 교육 과정	
데일카네기 코스(DCC)	최고 경영자 코스(CEO)
리더십 코스(TLA)	매니지먼트 코스(LTM)
프로 세일즈 코스(SAC)	프레젠테이션 코스(HIP)
CR / EDC 코스	청소년, 대학생 코스

3. 대상

   전 계층, 경영자 및 관리자, 성인남녀, 대학생, 청소년(중고생)

4. 효과

   자신감, 인간관계, 커뮤니케이션, 리더십, 걱정 스트레스 극복, 이름 기억법, 가치관, 비전과 열정, 적극적인 사고, 명확한 아이디어 전달법, 회의 진행법 등

5. 데일 카네기 코스의 특징
   - 1912년 이래 전 세계 80여 개국에서 훈련 성과가 보장된 전문 교육.
   - 전 세계 성인남녀, 경영자, 관리자, 500만 명 이상이 수료한 코스.
   - 자기계발 사이클(Cycle of Self-Development)을 통한 독특한 훈련 방식.
   - 실천을 통해 새로운 습관을 형성시키는 훈련 노하우(Learing by Doing)
   - 「포춘」지 선정 550대 기업 중 425개 기업이 채택하고 있는 리더가 되기위한 필수 코스! 국내에서도 삼성, 현대, LG, HP, 한국듀폰 등 8000여 기업이 참여하고 있는 코스!
   - 5단계 훈련 성과 측정 결과 280% 이상의 성과 달성. 참여 대상이 다양하면서도 어느 계층이나 필수적임.
   - 경영자에게는 리더십, 조직원에게는 자신감과 열정, 주부들에게는 지혜로운 삶과 스트레스 해소법 그리고 학생들에게는 꿈과 비전과 열정을 갖게 해주는 코스!
   - 미국 각 대학교에서 정규 과정으로 학점 인정, 국내에서는 2003년 서울대학교, 2004년 KAIST(한국과학기술원) 학생들을 위한 리더십 커뮤니케이션 프로그램으로 채택!

www.ctci.co.kr | www.carnegie.co.kr
카네기 코스 관련 문의전화 :
서울(본사) 02-566-7155,   부산(영남) 051-552-6780,   대전(충청) 042-488-3597
광주(호남) 062-514-4420,   인천(경인) 032-435-0236,   안산(경기) 031-500-4477
대구(경북) 053-256-6430,   전주(전북) 063-211-8147,   창원(경남) 055-264-8155